地域ガバナンスシステム・シリ-

イギリスの資格履修制度

－資格を通しての公共人材育成－

小山　善彦
著

公人の友社

もくじ

はじめに …………………………………………………………… 4

1　職能資格の開発と履修制度 ……………………………………… 6

 (1)　職能資格の伝統 ……………………………………………… 6
 (2)　新しい職能資格フレームワークのねらいと特色 ………… 9
 (3)　職能資格の開発とデリバリー ……………………………… 15
 (4)　職能資格の質保証 …………………………………………… 24
 (5)　職能資格への公的助成 ……………………………………… 28

2　大学における専門職資格の開発と履修制度 …………………… 32

 (1)　高等教育資格のフレームワーク …………………………… 32
 (2)　基礎学位での職能教育 ……………………………………… 35
 (3)　大学院における専門職教育 ………………………………… 37
 (4)　大学での資格開発と質保証 ………………………………… 43
 (5)　職能資格と大学資格の連携 ………………………………… 51

3　公共人材育成と資格開発－ケーススタディ …………………… 53

 (1)　公共サービスセクターの課題 ……………………………… 53
 (2)　PSCのねらいと仕組み ……………………………………… 54
 (3)　地域公共人材の確保 ………………………………………… 55
 (4)　公共人材リーダーの育成と資格開発 ……………………… 56
 (5)　さいごに ……………………………………………………… 63

4　資格を通しての公共人材育成 ………………………… 65

- (1) 揺りかごから墓場まで ………………………………… 65
- (2) 市民社会セクターによる公共人材の育成 …………… 66
- (3) 市民能力と経験の社会化 ……………………………… 67
- (4) 仕事からの資格開発 …………………………………… 68
- (5) 資格フレームワークの大切さ ………………………… 68
- (6) 資格市場の形成 ………………………………………… 69

さいごに ……………………………………………………… 71

　主要関連文献と関係団体ホームページ ………………… 73

はじめに

　LORCではこれまで、パートナーシップ型社会の形成、地域公共人材の育成、研修プログラムの社会的認証などを研究テーマとしてきました。その成果の1つとして、2009年3月に「地域公共人材開発機構」が発足したばかりです。京都地域での大学コンソーティアムが中心となり、地元自治体や民間企業、市民社会セクターも加わって、地域資格を一緒に開発し、認証するという、日本での初めての試みがいよいよ動き出すことになります。
　しかしその社会的ミッションの大きさに比例して、克服すべき課題も少なくありません。本ブックレットは、イギリスにおける資格システムの紹介を通して、日本における資格システムの発展に貢献することが目的です。
　イギリスを取り上げるのは2つの理由からです。1つはイギリスもパートナーシップ型社会を目ざし、公共人材の育成に大きな社会的投資をしていること。もう一つは、個人の自己実現やキャリアアップ、さらには公共人材の育成のために、資格が積極的に活用されていることです。
　イギリスでは1979年のサッチャー政権誕生以来、パートナーシップ型社会への移行が進められてきました。その過程で行政の外側に多様なパートナーシップ団体が組織され、民間企業への公共サービス業務の委託が進み、市民社会セクターの育成が図られてきました。この結果、多様な地域主体が公的機能を分担するようになり、すべてのセクター団体にとって、組織としての能力構築や人材育成が欠かせない時代になっています。
　イギリス人の仕事の仕方、キャリアについての考え方は、日本とかなり異なります。イギリス人は職場を頻繁に変えますし、セクターを超えた人材の流れも活発です。また、人生の途中でキャリアを変える人も多いです。したがって、銀行の職員が環境団体に職を求めたり、行政から市民団体へ移った

り、あるいは企業から市役所に転職するといったことが普通のこととして見られています。自分のキャリア実現にとってセクターにこだわる必要はなく、キャリア自体もいつでも変えられる時代になっているわけです。

このように、日英の社会構造やライフスタイルには大きな違いがあります。しかし、違いが大きいだけに、日本での資格システムの設計や運用に参考にできる点もありそうです。日本でパートナーシップ型社会を目ざし、地域資格を運用するとなれば、これまでとは違った大胆な発想と多くの社会的実験が必要になるからです。

本書は4章構成です。まず第1章では「職能資格」を取り上げます。イギリスでは2008年9月から、新しい職能資格システムが動き出しました。利用者が使いやすいように、小さな学習単位での履修やクレジット（単位数）の蓄積および移転など、多くの改良が加えられました。この新しい資格システムのメリット、資格開発の方法、質保証のメカニズムなどを紹介します。

つぎに、大学における社会人のための職能教育について説明します。イギリスの大学は、社会人が自らを再教育する場として広く活用されています。また、職能資格と同様に、小さな学習単位での履修プログラムも増えています。そうした最近の状況を、具体的な事例を踏まえて紹介します。

3章では、パートナーシップによって職能資格が開発された事例を紹介します。地域の公共団体、カレッジ、大学、職能団体、政府の助成機関がパートナーシップを組み、公共人材育成のために資格プログラムを開発した事例です。

最終章は「資格を通しての公共人材育成」というテーマで、イギリスにおける公共人材育成と資格の関係についてまとめています。

なお、イギリスはイングランド、ウエールズ、北アイルランド、スコットランドという4つの国で構成されており、資格についての考え方や運用システムにも多少の違いがあります。本ブックレットで紹介するのは、イングランドにおける資格システムです。したがって文中で「イギリス」という場合も、主にイングランドでの経験や実践を指しています。

1　職能資格の開発と履修制度

　イギリスには大きく2つのタイプの資格授与団体があります。1つは職能資格の授与団体で、その多くは専門職団体です。2つ目は高等教育資格を授与する団体で、その中心になるのは大学です。これらの授与団体に共通するのは、どちらも政府や行政から独立した存在であることです。つまり、イギリスでは政府が資格を用意するのではなく、独立団体としての専門職団体や大学が独自に資格を開発し、授与しています。最近では公共政策の中に資格が位置づけられ、政府の意向が資格システムに影響するようになっていますが、独立団体が資格を開発・運用するという基本の部分は同じです。

(1)　職能資格の伝統

　イギリスは職能資格に長い伝統をもつ国です。そして、それを主導してきたのは民間の専門職団体です。これらの団体は社会のニーズに応えて設立され、独自の試験方法で専門職の内容を定義づけ、資格を授与するシステムを運用してきました。最も古い歴史をもつ「王立芸術協会（RSA）」は1858年に全国的な職能資格試験を開始しています。同じく長い歴史をもつ「City & Guild」は1878年の設立で、鍛冶職人や肉屋、馬具職人など、16の職能分野が集まって資格の開発と提供を始めています。

　これらの専門職団体のほとんどはチャリティ団体です。つまり、チャリティ法のもとに固有の社会的ミッションを開発し、政府の介入を受けずに独自の方法で社会の福祉や発展に貢献してきたわけです。イギリスの公共政策の発展経緯をみると、これらの専門職団体が教育、社会福祉、建築、都市計画などの分野で知識や技術を開発し、公共人材を育成してきたことがわかります。

●職能資格基準化への動き

　このように、イギリスでは民間団体が自由に資格を開発してきたわけですが、1980年代になると、そうした自由（野放図）な資格システムのあり方が、社会発展の阻害要因として理解されるようになります。例えば、「資格のジャングル」と呼ばれるほどに多種多様な職能資格が存在しながら、実際には職能資格をもっていない労働者や若者が多く、それが経済衰退の原因とみられるようになりました。そして、政府主導で監督機関が設置され、職能資格に共通の全国基準を適用する試みが始まります。

　職能資格改革に大きな影響を与えたのは、1997年に誕生したブレア政権です。ブレア首相は幅広い社会層への教育機会の拡大を政策アジェンダとして掲げ、そのために職能資格と高等教育資格の格差をなくす政策を推進しました。それまでイギリスでは大学の学位資格を優位に位置づけ、職能資格を低く見る時代が続いていたからです。政府は1997年に「資格・カリキュラム局（QCA）」を設置し、ここが中心になって2002年に最初の「全国資格フレームワーク（National Qualifications Framework）」を用意します。そして、それまで専門職団体が内部的に管理していた資格を、外部機関（QCA）が認証するようにしました。また資格の学習アウトカムを明確にし、外部評価者が学習成果をチェックするようにもなりました。こうして資格の内容と履修手続きを透明化し、また質保証システムを外部化することで、高等教育に劣らない職能教育の質を確保しようとしたわけです。

●2つの資格フレームワーク

　この2002年資格フレームワークは、その後2004年に、表1のような9段階の資格フレームワークに修正されています。また、表1には高等教育資格フレームワークも一緒に示し、2つの資格フレームワークが比較対照できるようにしています。

　全国資格フレームワークの中には、日本の中学および高校レベルに相当す

るレベル3までの資格に一般資格が含まれています。しかし、レベル4以上ではすべてが職能関連資格です。一方、高等教育資格はレベル4からレベル8までの5段階です。そして、レベル4以上の職能資格と高等教育資格が同じレベルに揃えられています。

これら2つの資格フレームワークが整備されたことで、それまで不透明で、バラバラだった資格の全体像がわかりやすくなりました。学習者は自分の能力レベルを知り、キャリアアップのために何をすべきかの判断もしやすくなりました。とくに、それまで別物として扱われてきた職能資格と大学資格が同列に並べられ、相互の位置関係が明確にされたことが重要な意味をもちました。

例えば、義務教育を終えてすぐに就職し、職能資格をレベル1から徐々に積み上げてレベル4まで達成した人は、大学の基礎学位と同じ資格レベルにあることになります。つまり、通常の大学入学の要件となる一般資格がなくても、職能資格の経験をもとに、大学に入って学習する可能性が高くなったわけです。こうして資格間の移動や資格取得の組み合わせがしやすくなって、多様なキャリアルートが追求できるようになりました。

表1　2つの資格フレームワークの比較

職能資格（レベル）	高等教育資格（学位）
8	博士
7	修士
6	学士
5	中間
4	基礎
3	―
2	―
1	―
基礎	―

(2) 新しい職能資格フレームワークのねらいと特色

　この全国資格フレームワークは、2008年9月からさらに「資格・クレジット・フレームワーク（QCF）」に更新されています。全国資格フレームワークは多くのメリットをもたらしたわけですが、認証資格にさまざまな種類があってわかりにくいこと、また資格取得に要する学習時間（学習量）が判断できないなどの不備が指摘されていました。QCFは5年間の議論と2年間の実験を経て導入された資格システムで、現在は旧フレームワークからQCFへの移転が進められています。この作業は2010年までに終了する予定で、2011年からはすべての認証資格がQCFシステムで運用されます。

● QCFのねらい
　QCFは表2のような形になります。最も大きく変わるのは、資格が「ユニット（unit）」と「クレジット（単位数）」で表現されるようになることです。つまり、すべての資格はユニットで構成され、すべてのユニットが固有の単位

表2　「資格・クレジット・フレームワーク」の資格構成

レベル	Award（1－12）	Certificate（13-36）	Diploma（37以上）
8			
7			
6			
5			
4			
3			
2			
1			
基礎			

（縦軸：チャレンジ度　横軸：資格のサイズ（単位数））

数をもっています。1単位は10時間の学習量を示しますので、例えば3単位のユニットであれば、平均30時間の学習を必要とするユニットということになります。

表2からわかるように、QCF資格は「レベル（難しさ）」と「学習量（単位数）」によって決まります。例えば、レベル5の資格が10ユニットをもち、その単位数の合計が32単位であれば、「レベル5のCertificate」という資格になります。つまり、「Award（1～12単位）」、「Certificate（13～36単位）」、「Diploma（37単位以上）」という称号は、履修に必要となる学習量を表しているわけです。

このように資格のサイズが3つに分けられたことで、個人および職場の状況に応じて、多様な形での資格利用ができるようになります。表3には3つの資格タイプの一般的特色を示していますが、大事なことは「Awardは初級でDiplomaは上級」という意味ではないことです。同じレベルの3つの資格の難易度は同じです。サイズだけが異なります。

表3　3つのサイズの職能資格

資格タイプ	単位数	資格の特色と用途
Award	1～12	最小サイズの資格で、通常は1つのユニットだけで構成される。始めて資格を取得する人や、職業分野への入門者に適したタイプ。あるいは、職業訓練において、1つのユニットだけの内容を学習させたい場合などに適している。
Certificate	13～36	中サイズの資格で、3ユニットくらいで構成される。職場の仕事でコアとなる複数テーマについて学習するのに最適サイズの資格。
Diploma	37以上	もっとも大きなサイズの資格で、通常は必須ユニットと選択ユニットで構成される。キャリアで必要となる多様なテーマについて総合的に学ぶのに適した資格。

なお、QCFで認証される資格のタイトルには、つぎの3つの情報が表示されます。このため、学習者および雇用主は資格のタイトルを見ただけで、それが何についての資格であり、どれくらい難しく、どれくらいの学習時間が必要かが一目で判断できることになります：

①資格の内容を示す簡明な記述
②資格のレベル（基礎～8）
③資格のサイズ（Award、Certificate、Diploma）

● 小さな学習単位での履修証明
　QCFでは小さな学習単位で履修証明が授与されます。これは「一口サイズ（bite size）の学習」と表現されることもあります。この一口サイズに相当するのが「ユニット」です。個々のユニットは習得されるべき「学習アウトカム」と、その履修を判定するための「評価基準」をもっています。つまり、ユニットは1つの完成された学習単位としてデザインされるわけです。
　これまでの資格コースでは、一定期間の連続的学習が必要でした。そのため、例えば育児をしている女性は十分な時間がとれず、資格を断念せざるを得ないことになりがちでした。あるいは、学習意欲の低いニート層（16歳から18歳までの若者）にとっては、すべての内容を連続して勉強することに抵抗感がありました。しかし、一口サイズから学習を始め、履修成果が徐々に蓄積できるようになったことで、彼らの学習意欲を引き出せるのではないかと期待されています。

● 履修単位の蓄積と移転
　QCFではまた、履修した単位数を蓄積し、移転できるようになります。個人が履修したユニットは、「学習者履修記録（Learners Achievement Record：LAR）」に登録されます。そのため、資格コースを始めた後で職場を変わったり、引っ越したり、あるいは子育てで家庭に入るといった事情で学習が中断

されても、履修証明を受けたユニットの成果が失われることはありません。つまり、LARは銀行のようなもので、履修した単位を貯蓄し、いつでも引き出して使うことができるわけです。

　したがって、すべてのユニットを一気にやる人には、QCFのメリットはほとんどありません。しかし、いろいろな事情で学習を中断せざるを得ない人、あるいはキャリア転換を考えている人には、QCFが大きな力になってくれます。キャリアを変えるといっても、ITや顧客サービス、会計、マネージメントやリーダーシップなど、異なるキャリアで共通して使える知識や技術はたくさんあります。それらについての履修証明がとれていれば、新たな資格コースでそれらを繰り返し学習する必要はなくなるわけです。また、ユニットとして履修していなくても、現在の職場で学んだ経験を、「事前学習認証」の手続きを通して履修することも可能です（後述）。

　このLARは、求職活動にも使えます。希望する企業にLARへのアクセスを許可するパスワードを送れば、企業側は本人の履修記録をチェックできます。この場合、本人は自分の履修記録をコントロールすることが可能で、企業に示したい履修ユニットだけへのアクセスを許可することができるようになっています。

● キャリア開拓のためのルートマップ

　LARはまた、「全国認証資格データベース（National Database of Accredited Qualifications：NDAQ）」にリンクされています。このデータベースには、QCFに認証されるすべての資格およびユニットが登録されており、自分のID番号を入力することで、過去に履修したユニットがチェックできます。あるいは「取得に近づいている資格は？」といった設問を入力すると、履修ユニットに関係する資格がすべてリストアップされます。つまり、自分が目指すキャリアをイメージしながら、そこに至るまでの自分の位置を確認できるわけです。そして、自分が望むキャリアを目指すためには、これからどの資格のどのユニットを履修すればいいかの判断もしやすくなりました。

資格の授与団体の職員は、「資格は梯子であり、QCFは『登り格子 (climbing frame)』のようなもの」と表現していました。つまり、資格は上に真っ直ぐに進む時に便利なツール。一方、QCFは資格やユニットをフレームワークに取り込むことで、個人の学習やキャリアを多様に支援できるというわけです。真っ直ぐ一気に登ってもいいし、一度立ち止まって休憩してもいい。あるいは、一度横に進んで上に登るといった多様な選択が可能になります。そうした個人の多様な学習やキャリアを支援できるのがQCFというわけです。

● 事前学習の認証 (Recognition of Prior Learning：RPL)
　QCFの導入によって、個人の過去の学習経験の認証も容易になります。事前学習の認証は旧フレームワークでも行われていましたが、QCFではユニット別に学習アウトカムが設定されますので、事前学習の認証がより簡単です。
　QCFの設計では、ユニットにある学習アウトカムは、さまざまな方法で習得できるという原則が採用されています。つまり、カレッジで学習してもいいし、職場やボランティア活動、家庭環境などのインフォーマルな学習でもいいわけです。それらの多様な学習活動に差はないとするのが原則です。それだけに、事前学習の認証プロセスは、カレッジでの学習と同じような厳しいプロセスで行われます（QCA,2008-a）。

● ユニットを使った職能訓練
　こうした学習者個人へのメリットに加えて、QCFは産業界や雇用主へのメリットにも配慮して設計されています。まず、資格ユニットを使った職業訓練が可能になることです。以前であれば、雇用主が職員に研修を受けさせる場合、資格全体をさせるとコストがかかりすぎ、また職場から離れる時間も長くなるという問題がありました。したがって、多くの職業訓練が資格ルートではなく、社内研修や研修会社が提供するインフォーマルな研修になりがちでした。
　しかし、QCF資格はユニット構成なので、研修にピッタリのユニットを選

択し、そこの部分だけの研修に職員を派遣できます。こうすることで、雇用主は職員からの業績アップが期待できますし、一方、職員はユニットの履修証明が取れるというメリットがあります。そしてこの職員は残りのユニットを別の機会にすれば、資格全体が履修できることになります。

● 研修プログラムの認証

またQCFを使うことで、例えば社内での研修プログラムを、資格ユニットとして認証できるようになりました。これまでは社内の研修プログラムがいくら素晴らしくても、それは資格にはつながりませんでした。知識や技術を高めるためだけであれば認証の必要はないわけですが、認証ユニットとすることで、職員の学習意欲を引き出したり、彼らのキャリアアップにも貢献できるようになります。認証資格の一部とすることで、職業訓練のための政府助成を受ける可能性も出てきます。

研修プログラムが資格ユニットとして認証されるためには、資格の一部に組み込まれる必要があります。そのため、プログラムの内容に近い資格を持つ授与団体を選び、プログラムを構成要素とする新しい資格の開発を依頼します。そしてその資格が監督団体によって認証されれば、資格ユニットとしての研修プログラムも認証されることになるわけです。

このように個別の団体や特定地域で開発されたプログラムが認証されることで、社会的なメリットが期待できるようになります。認証されたプログラム（ユニット）はすべて授与団体に帰属し、他の団体や地域でも利用できるようになるからです。授与団体は全国ネットワークをもって活動していますので、他の企業や地域への販売活動を通して、優れた資格ユニットが広く活用されるようになります。（3章の事例参照）。

● ユニットの組み合わせによる資格構築

最後に、QCFを使った資格開発があります。職能資格を開発する場合に一番大切なことは、それが産業界にとって役立つ資格であることです。では、

産業界に役立つ資格は何かと言えば、それは現場での仕事で使える資格です。そして、仕事の内容は絶えず変化しているわけですから、時代の仕事に適した資格が常に必要になってきます。

例えば、園芸関係の仕事について考えてみると、以前であれば、果樹や野菜の栽培や収穫についての知識と技術があれば十分でした。しかし、最近ではガーデンセンターやもぎとり農園、観光農園などが増え、単なる栽培面だけの知識や技術だけでは仕事を十分にこなせなくなっています。ガーデンセンターであれば、顧客サービスやセールス、あるいはインテリアデザインといった技術も必要です。

あるいは地方自治体の業務にしても、最近では市民との対応に顧客サービスの研修が必要になっています。さらに、他の団体とのパートナーシップの構築技術、さらに管理職になる人はマネージメントやリーダーシップ、リスク管理といった技術も求められています。

こうした現代的なコンテキストで職員研修や資格コースをデザインするとしたら、以前とは違った構成のプログラムが必要です。QCFのユニット制度が有利なのは、個々のユニットが独立した学習単位であるために、すでに開発・登録されたさまざまなユニットを組み合わせることで新しい資格が開発できることです。上の例でいえば、「園芸技術」「顧客サービス」「インテリアデザイン」に関係するユニットを組み合わせ、それに新しい資格タイトルをつければいいことになります。

(3) 職能資格の開発とデリバリー

つぎに、職能資格を誰が開発・認証し、それを誰がデリバリーし、さらに質の保証がどのように担保されているかについて説明します（図1）。

● 授与団体

まず、職能資格の開発および授与に責任をもつのは「授与団体（awarding

図1 職能資格についての関係団体の相互関係

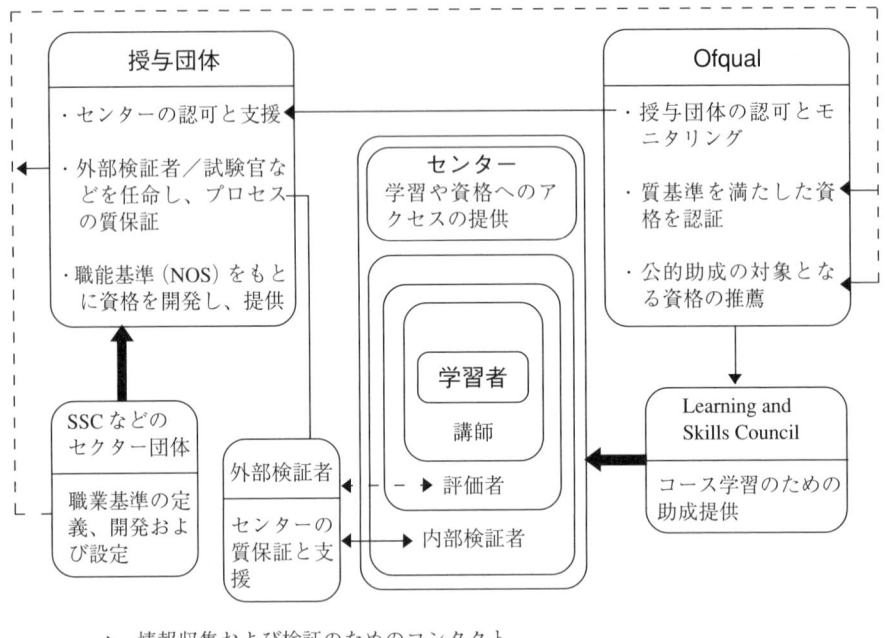

出所：Monitoring of Vocational Qualifications Annual Report（2005）より作成

body)」と呼ばれる団体です。つぎに述べる「センター」で資格開発を行った場合でも、最終的に資格の内容やレベルをチェックし、監督団体（Ofqual）を通して認証手続きをするのは授与団体です。

　授与団体になるためには、Ofqualという監督機関の認可を得なければなりません。その手続きについては後述しますが、現時点では約150の授与団体が存在しています。授与団体の中には専門職団体として特定分野の資格だけを提供するところもあれば、広く多様な資格を扱う授与団体もあります。最近では企業の研修部門が授与団体となり、職員の職業訓練に資格を提供しているところもあります。

授与団体のほとんどはチャリティ目的の非営利会社で、資格ビジネスからの収入で組織を経営し、得られた収益を資格開発に再投資しています。授与団体への公的助成はなく、主な収入源は受講生の登録料、センターの認可料などです。

● センター（プロバイダー）
　現場での資格教育や研修を担当するのは「センター」あるいは「プロバイダー」と総称される団体です。センターの多くは継続教育カレッジ（Further Education College）ですが、その他にも大学、民間の職業訓練会社、市民団体、あるいは市役所などもセンターになっています。センターは授与団体によって認可され、監督されます（QCA,2005）。
　センターに雇用される講師がユニットの授業や成績評価などを行いますが、成果評価についての最終的な責任は授与団体が負っています。そのため、後述するように授与団体ではセンターに「外部検証者（external verifier）」を派遣し、センターの質保証システムをチェックしています。
　センターも授与団体と同じくビジネスとして運営されています。したがって、授与団体とセンターは、同じ目的を共有するパートナーということになります。ただ、センターは1つの授与団体だけの資格しか提供できないわけではありません。市場の動向などを見ながら、学生が集まりそうな資格をもっている授与団体にアプローチし、センター認可を申請できます。大きなセンターになると、複数の授与団体の資格を提供しているのが通常です。

● ユニットの開発
　資格ユニットの開発は授与団体、センターどちらでも行います。とくに、カレッジのような大きなセンターになると、講師陣もしっかりしており、資格を準備するキャパシティも十分です。一方、市民団体や小さな民間企業がセンターになっている場合には、資格（ユニット）の準備は容易ではありません。
　ユニットの準備で難しいのは、内容の難易度（レベル）を揃えること、そ

表4 ユニットに表示されるべき内容

表示項目	内容
タイトル	ユニットの内容を正確に示す記述
レベル	ユニットによって達成される学習アウトカムのレベルの設定。QCF共通基準（9レベル）を参考に決定。なお、このレベルはユニットに帰属するもので、資格全体のレベルとは関係がない。
単位（クレジット）数	ユニット履修者に与えられる単位数。1単位は10時間の学習時間が基準。
学習アウトカム	学習者が習得すべき知識、理解度、能力（できること）の記述
評価基準	学習アウトカムを達成していることを証明するために、学習者が満たすべき標準の設定。ただし、具体的なアセスメントの方法やツールについての記述は含めない。

出所：QCA（2008）, Regulatory arrangements for the QCF より作成

してユニットを学習アウトカムで表現することです。とくに、QCFは履修単位を蓄積し、移転できるシステムですから、異なる授与団体やセンターで開発されるユニットのレベルが揃っていることが必要です（QCA,2008-b）。

そこで、QCFの難易度を示す9つのレベルについて、学習者が取得すべき知識や理解力、技術などを示した共通基準が用意されています。ユニットを開発する時にはこの共通基準の内容を解釈し、それを専門分野の学習レベルに適用することになります（QCA,2008-c）。

ユニット開発ではまた、すでに認証されたユニットの内容を参考にすることができます。認証されたユニットと資格はすべて全国データベースの中に登録されています。また、QCFの試行期間中に開発されたユニットの優良事例集もあり、それを参考にすることも可能です。

●ユニットの共有化

すべてのユニットは同じ書式を使って用意されます(21ページの表6参照)。ユニットに含めるべき情報は、表4にあるように「タイトル」「レベル」「単位数」「学習アウトカム」「評価基準」です。なお、すでに述べたように1単位は平均10時間の学習時間を意味しますが、この中には論文執筆などに要する自習時間なども含みます。ユニットのデザインをする人は、ユニットの難易度と履修に必要な学習量を考慮して、ユニットに単位数を与えます。

　開発されたユニットは全国データベースに登録されますが、その際にすべての授与団体がアクセスできる「共有ユニット（shared unit）」と、アクセスが一部の授与団体に制限される「制限ユニット（restricted unit）」、そして他の授与団体からのアクセスを許さない「私的ユニット（private unit）」の3つのタイプに分けて登録可能です。実際には、ほとんどのユニットが「共有ユニット」に含まれるそうです。この共有ユニットで履修した単位数は、すべての授与団体の資格への移転が可能です。

●ユニットの組み合わせルール（rules of combination）
　すべてのユニットは個別に履修証明されますが、「資格」を取得するためには、一定のルールのもとに、まとまりのあるユニット群を履修する必要があります。これを「組み合わせルール」と呼んでおり、すべての資格が組み合わせルールを持っています（QCA,2008-d）。
　資格を開発する時、「必須ユニット」のグループと、「選択ユニット」のグループが必要になります。そして、どれを必須ユニットとし、どれを選択ユニットにするかを考えなければなりません。例えば、「スポーツ・コーチング」という資格を考えてみると、まずすべてのスポーツに共通するテーマがあります。「ウオーミングアップ」「ウエイトトレーニング」「マッサージ」、あるいは子供の指導であれば「子供の安全」「グループ指導」などがこれに該当します。加えて、野球やサッカー、ラグビーなど、専門別の技術指導の方法も学ぶ必要があります。そこで、共通テーマの部分を必須ユニットにし、しかもすべての授与団体がアクセスできる共有ユニットにしておけば、そこ

で履修したユニットおよび単位数は、すべてのスポーツ関連の資格に移転できることになります。

●資格ユニット開発の事例

ここで、資格とユニットの関係をみるために、Chartered Management Insti-

表5　CMI資格「Level 7 Strategic Management and Leadership」のユニット構成と単位数

ユニットのタイトル	単位数
グループA：	
戦略的マネージャーとしての自己成長	6
戦略的なパフォーマンス・マネージメント	7
資金的なマネージメント	7
戦略的な情報マネージメント	9
戦略的マネージメントの実践	10
組織としての進路	9
グループB：	
資金計画	6
戦略的なマーケティング	6
戦略的なプロジェクト・マネージメント	6
組織改革	7
戦略的なプラニング	9
人事計画	8
戦略的リーダーとなるために	7
戦略的リーダーシップの実践	7

出所：Chartered Management Instituteのホームページ

表6 「Level 7 Strategic Management and Leadership」を構成する
一つの必須ユニットの学習アウトカムと評価基準

ユニットタイトル	Personal development as a strategic manager （戦略的マネージャーとしての自己の成長）
ユニット目的	戦略的レベルにおいて効果的な運営を行うために、マネージャーとして身につけるべきリーダーシップ技術の習得
レベル	7
単位数	6
学習アウトカム	評価基準
1 戦略的な目的（ambitions）を達成するために必要な自己のスキルを明確にできる	1.1 組織としての戦略的な進路を分析できる 1.2 組織としての戦略的目的を達成するために、リーダーとして身につけるべき戦略的スキルが判断できる 1.3 戦略的目的を達成するために、既存の技術、必要とされる技術、そして将来の技術の関係を評価できる
2 戦略的目的の達成に貢献できるように、リーダーとしての自己の成長を管理（manage）できる	2.1 リーダーシップ能力養成のための機会についての分析ができる 2.2 リーダーシップ能力養成のための個人的開発プランを作成できる 2.3 この開発プランを実践に移すためのプロセスを立案できる
3 リーダーシップ能力開発プランの効果を評価できる	3.1 開発プランの目的に照らし、どのようなアウトカム（成果）が得られたかの評価ができる 3.2 このアウトカムが、組織としての戦略的目標にどのようなインパクトを与えたかの評価ができる 3.3 リーダーシップ能力開発プランのレビューおよび更新ができる
4 質を重視する組織文化を醸成するために、健康的で安全な組織環境を促進できる	4.1 組織および個人としての健康・安全面での責任体制が、組織にどのようなインパクトを与えているかの評価ができる 4.2 組織としての質文化が、組織としての戦略的目標の達成にどのように影響を与えているかの予測ができる

tute（CMI）という授与団体が開発した資格を紹介します（表5）。CMIはマネージメントやリーダーシップの資格を多く開発している専門職団体です。事例としたのは「戦略的マネージメントとリーダーシップ」というレベル7の資格です。レベル7ですから難易度は大学院修士レベルに相当します（CMI,2007）。

表5にあるように、6つの必須ユニット（グループA）と8つの選択ユニット（グループB）があり、合わせて14ユニットで構成されています。そして、それぞれのユニットの単位数は6〜10に設定されています。

つぎに、表6では「Personal Development as a Strategic Manager」という必須ユニットについて、その学習アウトカムと評価基準を示したものです。左欄にはユニット履修のための4つの学習アウトカムが示され、右欄には個々のアウトカムを評価する基準が示されています。この資格をデリバリーするセンターでは、この学習アウトカムに適した学習内容を用意するとともに、評価基準をどう判定するかを考えなければならないことになります。

最後に、これらのユニットの組み合わせルールは表7の通りです。「Award」および「Certificate」資格はどのユニットの組み合わせでもよく、単に単位数が満たせれば十分です。「Diploma」資格となると一転して厳しくなり、すべての必須ユニットと3つの選択ユニットの履修が要件となっています。つまり、Diploma資格を目指す学習者にとっては、AwardやCertificateと

表7　CMI資格「Level 7 Strategic Management and Leadership」の組み合わせルール

資格	組み合わせルール	標準的学習期間
レベル7　Award	1つのユニットの履修（最低6単位）	2〜3週間
レベル7　Certificate	複数ユニットの履修（最低13単位）	1〜3ヵ月
レベル7　Diploma	すべての必須ユニットと3つの選択ユニットの履修（最低66単位）	6〜12ヵ月

いった資格には特段の意味はないことになります。

　この資格を職員研修に使う場合、雇用主は14のユニットの中から現場のニーズに最も適したユニットを選択し、利用することができます。一方、研修を受ける職員は1つのユニットをしただけでも「Award」資格が取れますし、それを履歴書に記載できます。また別の機会に残りのユニットを履修すれば、CertificateやDiploma資格がとれることになるわけです。

　さらに、大学院での学習を希望する職員は、レベル7資格の取得を根拠に大学側と交渉できますし、履修した66単位を大学院コースの単位に転用する可能性もあります。もちろん、大学側は面接などで本人の能力を判断し、入学を許可したり、単位の互換をどれだけ認めるかなどを決定することができます。しかし、生涯学習が共通の政策アジェンダとなって、職能資格と大学資格の互換性をできるだけ認めるのが一般的な流れになってきています。

●セクター技能カウンシル（Sector Skills Council）の役割

　イギリスにおける職能資格の開発で、重要な役割を果たしているのが「セクター技能カウンシル（SSC）」です。SSCは政府の担当省からライセンスを受け、業界代表によって運営されている民間団体です。これまでに25の産業セクター分野でSSCが設置されており、これで産業全体の85％がカバーされています。残りの15％の産業分野については21の「基準設定団体（Standards Setting Body）」が置かれており、SSCと類似した役割を果たしています。

　資格開発面でSSCが果たす第一の役割は、「全国職能基準（National Occupational Standards：NOS）」の設定と更新です。新しい職能分野で資格を開発する場合、まずこの職能基準が用意されなければなりません。この基準作りは業界代表が中心になって行い、先行している仕事の事例を集めて必要となる知識や技術などを検証し、その集大成としてNOSが用意されます。一度NOSが用意されると、職員研修のガイドや職員評価の基準など、多様な用途に活用されます。

　この役割に加えて、新しく開発される職能資格を承認する権限も与えられ

ています。つまり、監督団体（Ofqual）の資格認証を受ける前に、SSCが資格を事前に承認するプロセスが入ることになりました。それだけ職能資格への産業界（SSC）の影響力が強まることになったわけです。

　さらに、SSCは政府の職業訓練予算にも影響を与えるようになっています。SSCはそれぞれの業界の職能資格を定期的に見直し、現場での必要度に応じて資格の優先順位をつけ、そのデータを政府機関に提供する役割を担っています。政府機関はそれに応じて予算配分をしますので、現場ニーズに適した資格が活用され、逆にそうでない資格は徐々に淘汰されていくものと考えられます。

(4) 職能資格の質保証

　つぎに職能資格の質保証ですが、これはつぎのような3つのレベルで行われています：

　①監督機関による授与団体の認可とモニタリング
　②監督機関による資格の認証
　③授与団体によるセンター（プロバイダー）の認可とモニタリング

　イギリスでは1997年教育法によって「QCA（Qualifications and Curriculum Authority）」という監督機関が設置され、①と②に責任を果たしてきました。しかし、2008年にQCA機能が「開発部門」と「監督部門」に分割され、現在は「Ofqual（Office of the Qualifications and Examinations Regulator）」という新しい機関が質保証に法的責任を持つようになっています。今後はQCAは資格の開発や授与団体への支援に専念し、Ofqualが授与団体の監督や資格認証を担当することになります。ここではまずOfqualによる授与団体の認可とモニタリング、資格の認証について述べ、その後で授与団体とセンターの関係について説明します（QCA,2003/Ofqual,2008）。

● 授与団体の認可とモニタリング

　QCFに資格登録するためには、新しく授与団体としての認可を受けるか、既存の授与団体とパートナーシップを組む必要があります。後者の方法だと授与団体としての認可プロセスを省略でき、すぐに資格認証の手続きに入ることができます。

　授与団体としての認可を受ける場合には、Ofqualによる面談および書類審査により、組織としてのガバナンスやマネージメント、質保証のための内部システムなどがチェックされます。授与団体としての認可基準は、「2004年外部認証資格の法的規則」に示されています（QCA,2004）。また、この認可手続きの段階で、申請団体は認証を予定している資格リストを、「資格開発計画書（Plan of Provision）」として提出する必要があります。この計画書によってどのような専門分野で、どのレベルの資格開発を予定しているかが明らかになり、Ofqualはそれに準じた団体能力のチェックができるからです。

　授与団体として認可され、最初の資格認証の手続きが済んだ段階から、授与団体はOfqualによるモニタリングの対象となります。モニタリングはいくつかの方法で行われますが、その中心となるのが、定期的に実施される授与団体の監査です。この監査を通して、授与団体のガバナンスや質保証システムなどが継続的にチェックされることになります。なお、この監査結果は一般公表されています。

　また、Ofqualでは年度内に実施された複数の授与団体のモニタリング結果をまとめ、公表しています（QCA,2006）。この中で授与団体の最新の監査方法などを明確にし、優良事例や問題点などが授与団体によって共有されるようにしています。

● QCFへの資格認証

　授与団体としての認可が得られたら、Ofqualと合意した資格開発計画書に基づいて、授与団体は資格認証の手続きを開始します。申請書が提出される

と、Ofqualでは2004年法的規則にある質基準に照らし、資格目的に適した内容かどうか、全国職能基準を踏まえているかどうか、学習アウトカムの表現や評価基準、単位数配分が適切かどうかなど、資格の適性をまず検証します。加えて、その資格が産業界のニーズを反映させたものかどうか（市場性）、あるいは類似の資格が存在しないかどうかなど、資格開発の合理性もチェックされます。この合理性の論拠が弱いと、どれだけ質的に優れた資格であっても認証はされません。

なお2005年以降、資格認証は「標準認証」と「5日間認証」の2つのプロセスで行われています。前者は通常の認証プロセスで、この場合だと3週間以内に認証が終了します。後者の短期認証ができるのは、資格開発に優れた実績をもつ授与団体に限定されます。なお、どちらの場合も認証手続きはオンラインで行われています。

● 授与団体とセンターの関係

つぎに授与団体とセンターの関係ですが、まず授与団体にはセンターを認可し、その質保証を監督する責任があります。この監督機能で中心的な役割を果たすのが、「外部検証員（External Verifier：EV）」です。認可申請が提出されるとまずEVが派遣され、センターの施設や講師陣などをチェックします。センターが認可された後でも、EVは年に2回ほどセンターを訪問し、内部的な質保証システムの検証と、試験結果のサンプル調査を行います。また、必要に応じてセンターへの支援を提供するのもEVの役割です。小さなセンターであれば一人のEVで対応できますが、大きなセンターでは複数のEVが必要になります。

こうした質保証における監督関係を除けば、授与団体とセンターはビジネス目的を共有するパートナーの関係にあります。そして、授与団体は資格の売り手、センターは資格の買い手という立場になります。つまり、センターはいくつかの授与団体の中から、自分のビジネスに最も適した授与団体を選択することができるわけです。したがって優秀なセンターを確保するために

は、センターが運営しやすい資格システムを用意することが、授与団体としての重要な戦略になってきます。

● 市場原理による質の向上

　以上、Ofqualと授与団体の関係、授与団体とセンターの関係についてみてきましたが、これらの関係に共通するのは、質保証の方法論が徐々に変わってきたことです。QCAが設置された1997年以前は、各授与団体が独自の方法で資格の質保証をやっていました。1997年からはQCAによる団体認可や資格認証が始まるわけですが、初期には授与団体はもちろん、1つひとつの資格についても厳しいチェックが行われていたそうです。それが徐々に団体内部の質保証システムのチェックに移行し、最近ではリスクの大きい団体を重点的にチェックし、そうでない団体は軽度のチェックで済ませるようになっています。つまり、授与団体の自己管理をベースとして、リスク度に応じた介入がされているわけです。

　さらに最近では、質保証の重点は資格市場の監視に移行しつつあるといいます。確かに、職能資格が社会のツールとして機能するためには、資格の質保証をきちんとする必要があります。しかしその一方で、開発された資格がどれだけ社会や企業のために役立つかも、質保証と同じくらい重要な意味をもちます。すぐに時代遅れになったり、使い勝手のよくない資格であれば、資格の利用価値が損なわれてしまうからです。

　結局、質保証のための官僚的規制を強くすると資格の自由な開発が制約され、あまりに規制を緩和しても質保証ができず、社会的な信頼を失うというジレンマがあるわけです。現時点ではできるだけ官僚的な縛りを排除し、規制よりも内容の充実を優先させるアプローチが採用されています。市場メカニズムをうまく機能させることで、時代のニーズに適した、質の高い資格が社会に供給される可能性が高まるからです（QCA,2008-e）。

　そうなると、資格市場を機能させるために、監督機関としてのOfqualは何をすべきかが重要なポイントになります。そこで、現在大がかりな調査が実

施されているそうで、これが2009年には終了します。この中で資格市場のメカニズムが分析され、Ofqualの役割が明確にされることになっています。

(5) 職業訓練への公的助成

●イギリスのスキル戦略

　イギリスでは1997年のブレア政権誕生以降、「教育」と「スキル（技能）」が重要な政策テーマとなってきました。このことは、「教育・技能省（Department for Education and Skills）」という担当省を誕生させたことにも反映されています。そして、2006年にはLeitch委員会にスキル政策全般についての諮問が行われ、その報告書の提言をもとに、現在のスキル戦略が展開されています（HM Treasury, 2006）。

　Leitch委員会は報告書の中で、イギリスの技術レベルの低さを明らかにし、2020年までにイギリスを技術面で世界のリーダーにするために、多くの大胆な提言をしました。政府はこの提言を受けて2007年に「世界レベルのスキル」という戦略を用意し、それまでの政策ターゲットを軒並み引き上げました（DIUS, 2007）。そして、教育・技能省を「子供・家族・学校省（DCFS）」と「イノベーション・大学・技能省（DIUS）」に再編し、前者に子供および若者の教育・スキルを担当させ、後者に成人の教育・スキルを担当させるようにしました。現在の職能教育や職業訓練では、このLeitch報告書のターゲットをいかに達成するかに知恵が絞られています。

　Leitch報告書が行った提言の1つが、資格システム全体を需要主導型に変えることでした。つまり、トップダウンの画一的、官僚的な方法ではなく、現場のニーズに対応できる柔軟なシステムへの転換を提言したわけです。その1つの成果となったのがこれまで説明してきたQCFシステムの導入ですが、加えて公的助成の方法論も大きく変わりました。

● 「学習・技能カウンシル」と「Train to Gain プログラム」

イギリスでは18歳までの教育や職業訓練は、政府によって全額助成されています。つまり、19歳以上になると自己負担が生じてくるわけですが、ただ義務教育レベルの資格（レベル２）をとっていない人については、年齢に関係なく、政府の全額補助が受けられます。また、これは25歳以下に限定されますが、初めて履修するレベル３資格についても、政府の全額助成が受けられるようになっています。

職業訓練関連の予算をもっているのは、「学習・技能カウンシル（Learning and Skills Council：LSC）」という政府機関です（イングランドのみを対象）。このLSCの助成事業の１つとして、Leitch報告書の提言に対応するために開始されたのが「Train to Gain」プログラムです。その予算規模の大きさもさることながら、最大の特色は現場ニーズへの柔軟な対応力にあります。これまでですと、雇用主が職員研修を目的にカレッジなどに連絡をとると、カレッジがもっている既成のコースを勧められることになりがちでした。そのため、雇用主が望む成果を100％達成することはできませんでした。Train to Gainは雇用主が必要とする研修コースを開発し、提供するためのサービスです。

Train to Gainで大きな役割を果たすのが、LSCが雇用する「スキル・ブローカー（skills broker）」です。雇用主からの要請があるとブローカーが訪問し、雇用主の事業分野や今後の事業計画などを確認し、職員のスキルレベルをチェックします。職員の仕事に合わせて基礎的なレベルから高等教育レベル、さらにリーダーシップのレベルまで、組織としての全体を見通した研修プログラムを考え、それをパッケージにまとめます。そして、研修のための財源の公的資金からの獲得、さらには研修を担うプロバイダーの選定も手伝います。

例えば、レベル２の資格をもっていない職員がいれば、その研修費用はすべて政府からの助成が得られます。25歳以下であれば、レベル３の資格も全額助成の対象になります。幹部クラスになると、リーダーシップ能力、マネージメント能力のための助成資金が用意されています。これは各団体１人

に対して1000ポンドを助成するもので、これに対して雇用主側は5割（500ポンド）を自己負担で上乗せします。つまり、1500ポンドの研修コースに職員を出せることになるわけです。さらに従業員が50人未満の場合には、スタッフの研修期間中の給与助成もあります。

● Train to Gainによる市民社会セクターの支援

このTrain to Gainサービスは、市民団体や社会的企業も利用できます。職員の研修はもちろん、重要な戦力になるボランティアも研修対象に含めることができます。これらの団体は「サードセクター」として総称されていますが、サードセクターが公共サービスの重要な担い手となってきたため、組織としての能力構築に政府が投資をしているわけです（LSC,2008-a）。

サードセクターにとってとくに有力な支援になるのが、上でも触れた「リーダーシップおよびマネージメント」研修のための助成です。というのは、サードセクターの経営能力向上が不可欠になっているわけですが、高いレベルのコースは研修費が高く、サードセクターではなかなか職員を出せません。でも、1人当たり1500ポンドの研修費があれば、例えば地域の10の団体が集まり、10人の幹部クラスの研修を一緒にすることで、15,000ポンドの予算でコース開発を大学などに依頼できるようになります。研修期間中の給与助成もありますので、しっかりした研修ができるわけです。

●ユニット単位での助成

現在、Train to Gainによる助成で1つの争点になっているのが、ユニット単位での助成を認めるかどうかです。これまでLSCからの職業訓練への助成は、資格全体の取得が条件になっていました。しかし、QCFの導入によってユニット単位での学習が一般化し、多様な方法による資格取得が普及することが想定されています。そうなると、ユニット単位の学習を助成することで学習意欲を引き出し、資格取得者を増やすという考え方も成り立ちます。

そこで、LSCでは2008年度と2009年度に特定のユニットを選定し、ユニッ

ト単位での研修助成を実験的に行っています。この実験でユニット単位の助成が資格取得者の増加につながることが実証されれば、2010年度からはユニット単位の助成を本格化させるようです。もし、ユニット単位での助成が本格化すれば、職業研修のあり方にも大きなインパクトを与えそうです。利用者側は真に必要なユニットだけを選んで研修が実施でき、研修の効果を上げるととともに、コストや時間の節約などもできるからです。

● 地域の公共政策と人材育成

このTrain to Gainの予算は2007年度が約3億5千万ポンドで、2010年度には10億ポンド（約1兆5千億円）まで拡大することが予定されています。そして今後は他の政策との連携を強めていく方針が出されています。まず、セクター技能カウンシル（SSC）との連携により、産業界が優先順位をつけた資格研修を重点的に助成するようになります。さらに、全国各地に設置されている「地域戦略パートナーシップ（LSP）」や「地域合意契約（LAA）」との連携があります。地域における公共政策の課題とスキル戦略を連携させるのが目的です（LSC,2008-b）。

LAAについて付け加えておきますと、これは地域が重要と選んだ政策に、政府資金を重点的に投資するプログラムです。LAAの中には地域経済の振興、失業対策、ニート対策、貧困対策、地域再生、若者の健全育成、健康問題、高齢者問題など、多くの政策テーマが含まれます。これらのテーマへの対策の一環として、個人や地域全体のスキルアップのために、Train to Gainの資金を投入しようというわけです。

2 大学における専門職資格の開発と履修制度

　2008年現在、イギリスには169の高等教育機関があり、うち109が大学です。1つの大学を除いたすべてが公立大学ですが、その運営に政府が直接介入することはありません。大学には学位授与権限が与えられており、大学の裁量で自由に資格コースを設計し、提供することができます。逆に、人気がなくなった資格コースを中止することも大学側の裁量で行われます。それだけに大学側には質保証の責任があり、どこの大学も同じようなプロセスで質保証を行っています。

　本章で対象とするのは、大学における社会人のための職能教育です。1章で説明したように、一般の職能資格は授与団体（その多くが専門職団体）が開発し、カレッジなどのセンターが提供するという形になっています。一方、大学では上位レベルの専門職資格を開発し、提供するのを伝統にしてきました。しかし、最近になって基礎学位という新しい職能資格コースが導入され、学部レベルでも社会人の職能教育が行われるようになっています。

(1) 高等教育資格のフレームワーク

　イギリスでは2001年に「高等教育資格フレームワーク（FHEQ）」が導入され、5つの資格レベルが設定されました（QAA,2008-a）。しかし、これは伝統的な学位資格（博士、修士、学士など）を基準にしたもので、学習成果の難易度や学習量によって資格を区別するフレームワークではありませんでした。したがって、大学間における資格や単位の移転がしにくく、1章でみてきた職能資格との連携も容易ではありませんでした。さらに最近ではEU諸国に仕事を求める学生が増えており、EUレベルで進められている共通資格フ

レームワークとの調整を図る必要性も出てきました。そうした状況の中で、高等教育資格の透明度を増し、学生の学習活動やキャリアアップ、さらに国境を超えた活動も支援できるように、高等教育資格にクレジット（単位）制を導入する作業が進められてきました。

高等教育資格で単位を使うこと自体は、とくに目新しいことではありません。すでに20年以上も前から導入されているシステムであり、単位制を導入した大学で「単位制コンソーティアム」が形成され、単位の互換などを行われてきました。ただ、政府が2003年の白書で高等教育への単位制の導入を強く主張したこともあり（DES,2003）、すべての高等教育機関を対象とした共通のクレジット・フレームワークが検討されてきたわけです（CQFW,2001）。

その結果として2008年に用意されたのが、表8にあるフレームワークです（QAA,2008-b）。2001年のフレームワークと大きく異なった点は、職能資格と同様に、「レベル」と「単位数（クレジット）」で資格がタイプ分けされたことです。また、1単位を10時間の学習時間とするなど、職能資格との連携を視野に入れたフレームワークになっています。現時点ではすべての大学がこのフレームワークを採用しているわけではありませんが、単位制を通して学位資格を提供する大学は確実に増えています。

日本の学士学位は4年間コースですが、イギリスの学士プログラムは3年間です。それを履修した時に得られる「学士（Honours）」はレベル6の資格であり、プログラムの1年目がレベル4、2年目がレベル5と位置づけられています。修士課程がレベル7、博士課程がレベル8の資格です。

表8にあるレベル4とレベル5は職能教育に重点を置いた高等教育資格です。この2つのうち、多くの大学が提供しているのがレベル5の「基礎学位」です。これについては次節で詳しく説明しますが、アカデミックな訓練を組み込んだ職能資格という位置づけで、仕事をしながら大学資格を取得したい人に適したプログラム設定になっています。

表8から気づくもう1つの点は、学士および大学院レベルにおいて、「Certificate」および「Diploma」という資格が用意されていることです。これ

らの資格はレベルとしては学士や修士と同じですが、単位数（学習量）がかなり少なく設定されています。したがって、資格コース全体をするだけの時間的・資金的な余裕がない人に適したコースと言えます。あるいは、アカデミックな能力に不安がある人はまずCertificateやDiplomaコースに登録し、そこでの学習成果をもとに学士あるいは大学院コースに進むことが可能です。その場合、履修した単位数は移転できますので、学習が無駄になることはありません。

表8 高等教育資格の種類、レベル、取得すべき単位数（主要資格のみ）

資格	レベル	資格取得に要する最低単位数
博士	8	単位数設定なし
専門職博士（単位数設定がある場合）		540
研究修士	7	単位数設定なし
授業修士（MPhil）		360
授業修士（MA、MScなど）		180
大学院 Diploma		120
大学院 Certificate		60
学士（Honours）	6	360
学士		300
学士 Diploma		80
学士 Certificate		40
基礎学位（Foundation Degree）	5	240
高等教育 Diploma（HND）		240
高等教育 Certificate（HNC）	4	150

出所：QAA（2008）から作成

(2) 基礎学位での職能教育

●「基礎学位」資格のねらい

　前述したように、大学は学位授与権限をもち、大学内部の考えで独自に教育コースを設定することができます。したがって、通常は政府がコースの内容に影響を与えることはないのですが、1つの例外と言えるのがこの「基礎学位（FD）」コースです。つまり、FDコースは政府の政策的意図をもって導入された資格です。もちろん、大学側はFDコースを開発しなくてもよいわけですが、政府からの資金助成があるために学生が集めやすく、大学にとっては有望な資格市場になっています。

　FDは2001年から導入されました。政府の政策意図としては3つほどあったようです。1つは大学資格を持っている国民の割合を高めることです。イギリスではかつては大学教育は一部の人に限定され、1960年代初めの数字は21歳以下の6％だったと言われています。それが2000年時点で43％になり、政府はこれを50％にまで高める目標を設定しています。ただ、対象となる年齢層は18歳〜30歳と幅広く、社会人として大学に進み、大学教育を受ける人も含めた目標設定です。この目標達成の有力な手段と考えられているのが、この基礎学位です。2つ目は、大学に行かずにすぐに職場に入った人に、大学教育を受ける機会を提供することです。最後に、大学の地域貢献の拡大、とくに地域コミュニティあるいは産業界との連携を強化するという意図もありました。

●基礎学位資格の特色

　FDコースの第1の特色は、職場で仕事をしながら大学資格がとれることです。もちろん、失業者や新しいキャリアを目指す人にとっても有効ですが、主なねらいは働きながら大学で学習ができるようにすることです。コースはフルタイムで2年間、パートタイムで3年間で、できるだけ夜間や週末を

使ったコース設定になっています。もちろん、入学審査では多様な学習経験が評価されますし、インターネットを使った学習方法もできるだけ採り入れられています。

　高等教育機関ではない継続教育カレッジでも、FDコースを提供できます。継続教育カレッジの数は大学よりもはるかに多いので、それだけ職場に近いところに学習の場をもつ可能性が高まります。ただ、継続教育カレッジは高等教育機関ではありませんので、大学の認証（validation）が必要です。そのため、FDコースのための大学と継続教育カレッジのパートナーシップが各地でみられています。

　2つ目の特色は、大学、継続教育カレッジ、産業界のパートナーシップでコースが設計され、運営されている点です。つまり、学生のニーズを満たしながら、同時に産業界のニーズにも配慮した資格コースということができます。産業界が設計に参加しているため、業界も安心して職員を研修に出せますし、大学側にすればそれだけ学生が集めやすいことになります。このように、FDコースは「地域ニーズ」というコンテキストで開発される資格であり、全国各地で開発されているFDコースは、それぞれの地域の特色を反映させた資格になっています。

　3つ目の特色は政府からの学費助成が大きい点です。通常の学士コースの場合、年間の授業料は6000ポンドで、うち政府は半分の3000ポンドを助成しています。残りが自己負担です。しかし、FDコースの場合は政府助成の割合が大きく、自己負担は1000ポンドを切る金額です。それだけ政府がFDコースに力を入れていることがわかりますし、大学側にとっては学生が集めやすいコースということになります。

　4つ目の特色として、一般の学位資格への進路が用意されていることです。FDコースを履修すると240クレジットが授与されます。これは独立した資格であり、そこで終えてもいいわけですが、もう1年間の学習（120クレジット）を追加することで、通常の学士資格が履修できます。このように、まず職場と大学教育を両立させる機会を与え、さらに一般学位への道が提供されてい

るわけです。

(3) 大学院における専門職教育

つぎに、イギリスの大学院ですが、ここでの経営は大きく「一般教育」「研究」「専門職教育」の３部門に分かれます。このうちのどの部門に力を入れるかは、大学によって、また学部や学科によって違ってきます。

ここではイギリス中部に位置するバーミンガム大学（学生数約28,000人）の「地方自治研究所（Institute of Local Government Studies：INLOGOV）」を事例として、大学院における専門職教育の現場を紹介します。

●地方自治研究所の概要

バーミンガム大学の公共政策学部（School of Public Policy）は、「地方自治研究所」「都市・地域研究所（Centre for Urban and Regional Studies）」「国際開発学科（International Development Department）」「医療サービス・マネージメントセンター（Health Service Management Centre（HSMC）」という４つの学科で構成され、学部、学科ともに独立採算制で運営されています。

INLOGOVは1962年の設立で、イギリスにおける地方自治研究および教育の草分け的存在です。現在でもこの分野ではイギリスで最大の教育機関で、年間予算は約350万ポンド（５億円）、アカデミックスタッフが20人、アソシエートスタッフが13人、事務スタッフ８人というスタッフ構成です。活動内容は大きく「一般教育（学士、大学院）」と「専門職教育」「研究・コンサルタント活動」に分かれ、収入構成では「専門職教育」が約半分、残りの２つが１／４ずつです。このように、専門職教育が研究所活動の中心を占めています。

●大学院での専門職教育の種類

INLOGOVでの大学院プログラムをまとめたのが表９です。このように、

表9　INLOGOVの大学院プログラム

コースの性格	コースタイトル	授業料（£）
MBA	Public Service MBA	13,650
MSc Diploma Certificate	Public Management Managing Partnerships in Health and Social Care Community Governance Public Service Commissioning	MSc　　　　7500 Diploma　　6400 Certificate 3000
5日間プログラム	Oversight and Scrutiny Strategic Commissioning Participation and Democracy Comparative Local Government Outcomes, Performance and Resources Social Care Commissioning and Contracting	1000～1300
1日セミナー	Political and Strategic Leadership Outcomes and Performance Partnership Working Commissioning and Procurement Scrutiny	350

　資格は「MBA」「修士（MSc）」「Diploma」「Certificate」の4種類で、加えて「5日間プログラム」と「1日セミナー」という構成になっています。それぞれのプログラムの料金を右端欄に示しています。1日セミナーで350ポンド（5万円）、5日間プログラムで1200ポンド（17万円）ですが、これらはこちらの大学では平均的な料金です。

　「公共サービスMBA（Public Service MBA）」は、学部を構成する4つの学科とビジネススクールが協力して運営しているプログラムです。ビジネススクールが開発した一般的なMBAをベースに、公共セクターの職員が習得すべきテーマを組み込ませてコースが設定されています。これについては、AMBAという外部機関の認証を受けています。

　修士コースの4つのプログラムについて、必須モジュールと選択モジュー

表10　大学院コース（修士、Diploma、Certificate）の必須モジュールと選択モジュール

コース名	必須モジュール
Public Management （パブリック・マネージメント）	Public Management and Governance
	Collaborative Strategy
	Outcomes, Performance and Resources
	Public Policy Research Methods
Managing Partnerships in Health and Social Care （医療・社会ケアにおけるパートナーシップのマネージメント）	Partnership Working in Health and Social Care
	Strategic Commissioning
	Outcomes, Performance and Resources
	Organisation Development in Health and Social Care
Community Governance （コミュニティ・ガバナンス）	Community Governance and Leadership
	Participation and Democracy
	Comparative Local Government
	Public Policy Research Methods
Public Service Commissioning （公共サービスのコミッショニング）	Strategic Commissioning
	Public Services, Procurement and Contracting
	Law, Regulation and Finance
	Public Policy Research Methods
選択モジュール	
・Leading and Managing Change ・Oversight and Scrutiny ・Managing Public Money ・Managing People ・Marketing Public Services	

表11　INLOGOVの大学院資格履修の要件

資格名	履修要件	単位数
MSc	4つの必須モジュール＋2つの選択モジュール＋論文	180
Diploma	4つの必須モジュール＋2つの選択モジュール	120
Certificate	2つの必須モジュール＋1つの選択モジュール	60

ルを示したのが**表10**です。このように各プログラムともに4つの必須モジュールがあり、加えて5つの選択モジュールが用意されています。なお、別のプログラムの必須モジュールも、選択モジュールの1つとして選択できるようになっています。

　表11に示すのは、修士、Diploma、Certificateという資格の履修要件です。修士はフルタイムで1年間、パートタイムで2年間のコースで、すべての必須モジュールと2つの選択モジュール、加えて論文が必要です。必要な単位数は180単位で、このうち論文が60単位を占めます。Diplomaは修士と同じモジュールの履修が必要ですが、論文がありません。Certificateとなると、2つの必須モジュールと1つの選択モジュールの履修が要件です。

●コース・デリバリーの方法

　実際に修士コースをとっている学生の多くは、職場で仕事をしている中間管理職レベルの人たちで、パートタイムでコースをする人がほとんどです。そのため、彼らの仕事への影響に配慮したコース運営がされています。大学によっては毎週1日の授業を年間通して行うというところもありますが、INLOGOVの場合は1つのモジュールを5日間プログラムにまとめ、さらにそれを3日間と2日間の集中講義で実施する方法をとっています。そしてほぼ毎月1回の間隔で集中講義が実施されています。例えば、1月に最初のモジュールの3日間講義を行い、2月に残りの2日間講義を行って1つのモジュールを終了します。そして、3月には2つ目のモジュールの3日間集中講義をする、というパターンです。こうして、12ヵ月で6つのモジュールを修了するわけです。

　各月の集中講義の最後に、小論の執筆課題（約3000語）が出されます。つまり、6つのモジュール合計で12の小論執筆が要求されることになります。加えて、修士履修を希望する人は修士論文の執筆が必要です。

　「修士」「Diploma」「Certificate」という資格については移行が可能です。例えば、修士課程に登録して勉強を始めたけれども、途中で仕事の都合で終了

できなかった場合でも、DiplomaあるいはCertificate資格がとれることになります。逆に、修士をする自信がない人はまずCertificateに登録し、途中で登録を変えて修士を修了することも可能です。

　すでに述べたように、受講生はほとんどが社会人で、多くの場合は雇用主団体が経費を負担します。一部に大卒者のような職場未経験者が受講することもあるようですが、その場合には社会人とのコミュニケーションができて、非常に有益な経験ができるようです。また、サードセクターからの受講生が入る場合もあります。例えば「Public Service Commissioning（公共サービスのコミッショニング）」コースには49人の受講生がいますが、そのうちの8人がサードセクターからです。

　サードセクター職員の場合、現場での実践経験は豊富なのですが、組織マネージメントの経験が少ないという課題があります。他の受講生は自治体や政府機関からの人が多いわけですが、サードセクター職員が入ることで、コースのダイナミズムが非常によくなるそうです。最近では自治体がサードセクターからサービスを購入するケースが増えているわけですが、自治体職員の中には彼らが直面する課題を理解していない職員が多いという現実があるからです。

　なお、通常の修士コースの講義はバーミンガム大学のキャンパスで行われますが、地方自治体や政府機関、企業、NPOなど、特定の団体に出張して修士コースを提供することも可能です。

● 5日間プログラム

　INLOGOVが最近開発したのが5日間プログラムです。上で述べた修士、DiplomaあるいはCertificateという資格コースと、つぎに述べる1日セミナーとの中間に位置づけられるプログラムです。5日間プログラムだけでは資格はとれませんが、20単位の履修証明を得ることができます。つまり、1つのテーマを5日間かけて深く学習でき、しかも履修証明がとれるコースとして、新しい市場の開拓をねらったものです。

表9にあるように、現在のところは6つのテーマで実施されています。これらの学習には修士コースのモジュールをそのまま使うこともあれば、新たにモジュールを開発する場合もあるそうです。例えば、政府の政策によって新しい概念や手法が導入された場合に、それが既存のモジュールで学習できなければ、新たに5日間プログラムが開発されます。そして、プログラムへの人気が高いことが判明すれば、それを修士コースのモジュールに採り込むということです。つまり、政府の政策や市場（公共セクター職員）の動向をみながら、随時新しいコースを用意したり、人気がなくなったコースは廃止したり、柔軟な対応ができるプログラムということになります。

例えば、選択モジュールの1つに「Oversight and Scrutiny（監視と精査）」があります。最近になって、地方自治体の権限として「監査と精査」機能が導入され、地域における政府機関の政策効果などをチェックできるようになりました。その結果、自治体職務として「精査オフィサー（Scrutiny Officer）」という新しい仕事が生まれ、そのための資格が必要になっているわけですが、現在のところどこの大学もこの資格のためのコースをやっていません。そこで、このモジュールを5日間プログラムとして独立させて受講生を集め、その後さらに大学院コースで資格をとってくれることが期待されています。

5日間プログラムの受講生の中には、例えば部長のような要職にあり、単位を履修してもキャリアに影響しない人もいます。そうした人は単位履修には興味はありませんが、若手のマネージャーだと20単位をとることが大きな意味をもちます。これを契機にINLOGOVの修士コースに登録してもいいですし（単位が移転できる）、他の大学の修士コースで単位を活かす可能性もあるからです。20単位の履修を希望する場合には、修士コースと同様に、小論文を2つ執筆しなければなりません。

なお、このプログラムも修士プログラムと同様に、各団体への出張という形で実施可能です。

●1日セミナー

　表9にあるように、現在6つのテーマについて1日セミナーが実施されています。テーマからわかるように、修士コースや5日間プログラムのモジュールと重なるテーマが多いのですが、単位履修とはまったく関係ありません。自治体の職員や議員に、アカデミックな研究成果に直接触れてもらう機会を提供することが目的です。

　例えば、1つのテーマに「Scrutiny Performance（精査機能のパフォーマンス）」があります。これは自治体議員向けのセミナーで、自分たちの自治体のパフォーマンスを、批判的に精査することを考えさせるセミナーです。セミナーではこのテーマについての最新の政府政策と、アカデミックな研究成果が紹介されています。2008年10月から実験的に開始し、すでに6つの自治体で出張セミナーを実施したということです。

　INLOGOV職員にとっては、こうしたセミナーを通して自分たちの研究活動の内容をチェックし、また現場職員や議員との対話を通して、新たな研究課題を考える格好の機会になるといいます。

（4）　大学での資格開発と質保証

　大学における資格コースの質保証は、いくつかの手段を組み合わせて実施されています。もっとも重要になるのは、QAA（Quality Assurance Agency）という全国機関が行う外部監査です。ただ、QAAがチェックするのは大学の内部的な質保証システムですから、大学の内部システムをどう機能させるかが、重要なポイントになります。ここでも、バーミンガム大学の場合を参考にしますが、基本的な質保証の枠組みは他の大学でも同じです。

　バーミンガム大学の場合、「BIQAES（Birmingham Integrated Quality Assurance and Enhancement System)」という内部システムが用意され、これに基づいてすべての学部・学科での質保証プロセスが動いています。この名称にもあるよ

うに、「質保証（quality assurance）」と「質向上（quality enhancement）」が一緒になっているのがポイントで、最近ではとくに後者の側面が重視されるようになっています。

バーミンガム大学では、大学本部に「質保証および質向上委員会（Quality Assurance and Enhancement Committee）」が設置され、大学全体での質保証についての統括的責任を果たしています。この活動を支えるのが「アカデミック質保証ユニット（Academic Quality Unit）」という事務局で、さらに各学部、学科には質保証担当の職員が任命されています。大学本部の委員会は学長や副学長など、大学トップの管理職で構成されており、また２ヵ月に１回の頻度で会合が持たれており、大学として質保証をいかに重視しているかがわかります。

質保証の実践では「新規コースの承認プロセス」「学部・学科のレビュー」「学外試験委員」「専門職団体の認証」「学生による評価」の５つが重要で、以下にこれらについて概略を説明しておきます。

●新規コースの承認プロセス

学部や学科で新しい資格コースや教育プログラムを開発しようとする場合、大学内部でのつぎの３つのチェックをパスする必要があります：

①ビジネスとしての採算性（資金的なサステイナビリティ）
②コースのマネージメント（学生への登録対応、図書館などの施設など）
③アカデミックな内容（目的、モジュールなど）

ここに示した①〜③は優先順位を示しています。つまり、まずビジネスとして成り立つことが最重要課題であり、アカデミックな面での健全さは３番目の要件ということになります。

新しい教育プログラムのアイデアは、さまざまなルートから出されます。一番多いのはアカデミック職員が出す場合ですが、その他、例えば学生登録

のスタッフからの「最近は○○について問い合わせが多い」といった情報が、新プログラムの開発につながる場合もあります。

　アイデアが決まったら、つぎにすべきことは市場調査です。インターネットを使い、国内だけでなく、世界中でどのようなコースが提供されているかを調査します。もし類似のプログラムがあれば、その内容、レベル、コース期間、料金などをチェックします。この作業は、学部内ですることもあれば、外部機関に委託することもあるそうです。

　つぎに、中立的な立場にある人から意見を聞き、さらに新コースを導入した場合のコスト（教材作成や事務コストなど）、予想される売り上げなどが検討されます。こうしたプロセスを通して、新コースの市場があること、ビジネスとして成り立つ可能性が高いことを担保するデータを集めるわけです。

　バーミンガム大学の社会政策学部には「学部アカデミック委員会（School Academic Committee）」が設置され、このプロセスを担当しています。新しいアイデアはまず、毎月開催されているアカデミック委員会で検討されます。ここでディベートが行われ、さまざまなアドバイスが提供されます。その後、約2ヵ月かけて最終プランを仕上げ、同委員会の最終同意を得ることになります。

　学部でのアカデミック委員会の同意が得られれば、つぎに大学レベルに設置されている「プログラム承認レビューパネル（Programme Approval Review Panel）」にかけられます。このパネルも毎月開催され、すべての学部から出される新規申請を審査しています。多くの場合、学部委員会の承認があれば認められることになりますが、他の学部に類似のプログラムが存在したり、あるいは市場調査が不十分、マネージメントが難しい、大学の方針に合わない、アカデミックの内容が弱い、といった理由で拒否されることもあるそうです。大学プロセスでの承認を得るには通常数ヶ月かかります。

　大学での承認が得られればコース設計や教材開発に入りますが、これはコースを提案したアカデミック職員が中心になって行います。

● 学外プログラムの認証

　大学では学内のコースだけでなく、学外コースの認証もしています。もっとも一般的なのは、継続教育カレッジのコース認証です。継続教育カレッジは職能教育を専門にしていますが、政府は高等教育機会の拡大政策を進めており、継続教育カレッジでも高等教育が提供できるようになっています。ただ、現時点では大学による認証が必要で、教育はカレッジで行いますが、履修するのは認証を担当する大学の資格です。そうした形の大学とカレッジのパートナーシップが広く普及しています。

　もう一つのタイプは、民間企業の研修コースを大学で認証する場合です。例えば、自動車会社が行っている研修コースの内容を大学の工学部がチェックし、大学レベルに相当すると判断すればそれを認証し、単位数を与えるわけです。一例として、2つの研修コースに合わせて40単位を提供したとすると、それを受けた職員はその40単位を工学部の大学院コース単位として履修でき、残りの単位を大学で履修すれば修士の資格が取れることになります。

● 「アカデミック・レビュー」と「質保証レビュー」

　大学が独自に行う内部チェックの柱になるのが、「アカデミック・レビュー（Academic Review）」と「質保証レビュー（Quality Review）」です。バーミンガム大学の場合、前者については「総合的レビュー」と「年次レビュー」の2つが実施されています。「総合的レビュー」は5年間に1回のサイクルで、すべての資格プログラム（学部および大学院）の内容および個々のモジュール、評価基準やアセスメントの方法論などが総合的にチェックされます。大学本部の代表、他の学部の代表に加えて、他大学や関連機関からの外部者を含めてレビューチームが構成されます。一方、「年次レビュー」は毎年行われるヘルスチェックであり、その年の学外試験官の報告書や学生からのフィードバックなどが検討されます。

　「質保証レビュー」は学部の質保証システムをチェックすることが目的で

す。レビューチームは学長あるいは副学長、他の学部の代表（類似専門分野1名、無関係な専門分野から1名）、学外機関の代表など、6人ほどで編成されます。授与されている資格の質とレベルの適切さ、学生の成績や進路、学習の学習経験の質などが検討されますが、単なる質保証に限定されず、学部としての教育の質の向上、質保証のシステム改善を目的とした協議の場という意味があります。例えば、学部で困難な問題に直面している場合に、このレビューがその解決策を検討する機会にもなります。なお、質保証レビューは6年に1回のサイクルで実施されます（QAA,2006-a）。

●学外試験委員

　大学の質保証において、重要な役割を果たすのが「学外試験委員（External Examiner）」です（QAA,2004）。大学は修士コースなどの個別プログラムごとに、最低1人の学外試験委員を任命しなければならないことになっています。学外試験委員は試験内容が不適切だと思えば変更を要求することができますし、採点された試験結果のチェックもし、採点が不適切だと判断すれば修正を求めることもできます。そして、①コースで提供されている教育レベルの妥当性、②教育成果の評価方法の妥当性、③学生パフォーマンスの他大学との比較、④学内のGood practiceの具体例などについて報告書をまとめ、大学で質保証を担当するトップに報告書を提出します。

　このように、学外試験委員の役割は授業のやり方などについてチャレンジすることにあり、その判断のために必要な関連データの提出を要求する権限をもっています。したがって、どのような試験委員を選ぶかによって、この制度の効果は大きく違ってきます。できるだけ優しい人を選びたいという意識も働くようですが、甘い人にしてもらっても意味がないので、できるだけ厳格にチェックをし、建設的な批判をしてくれる人を試験委員に選ぶのが通常です。学部・学科の職員が委員を推薦し、最終的な任命は大学が行っています。

　大学では学外試験委員の報告書を非常に重視し、提言された内容への対応

を行います。重視せざるを得ない1つの理由は、QAAによる外部監査のときに、この報告書の内容と、大学の対応結果が細かくチェックされるからです。

●専門職団体による認証

　アカデミックな教育や研究を重視する大学は、専門職団体との関係を嫌がる傾向にあります。アカデミック教育と専門職教育は別物と考える人もいますし、専門職団体から教える内容について細かく指示されることを嫌う人も多いからです。しかし、大学資格とともに、仕事に役立つ専門職資格を一緒に取りたいと考える学生が増えており、専門職団体との協力を検討する大学が増えています。

　バーミンガム大学の公共政策学部の場合は、専門職団体との関係はそれほど多くありません。ただ、都市地域研究所（CURS）では2008年から「王立都市計画協会（Royal Town Planning Institute：RTPI）」の認証コースを提供するようになりましたので、このケースを参考にして、大学と専門職団体との関係を説明しておきます。

　RTPIは「Chartered Town Planner」というタイトルを授与しており、これを取得することが、プラナーとしてのキャリアにとって重要な意味をもちます。このタイトルを取得する一つの方法が、RTPIが認証した大学院コース（フルタイムで1年間、パートタイムで2年間）を修了し、その後2年間の実務経験を積むというルートです。

　CURSではRTPIの大学院コースの新設を考えた当初から、RTPIとの対話を始めています。RTPIのような専門職団体が、大学でのコース認証プロセスに関係することはありませんが、コースへのRTPIの支持があるとなれば、大学での承認プロセスを有利に進めることができるからです。その手続きはつぎのようになります。

　まず、CURSからRTPIに対して認証コースを開設する意思があることを伝えます。それに対するRTPIからの基本的了解が得られたら、つぎにCURSが考えているプログラムのアウトラインをRTPIに提出します。それを受け

てRTPI代表がCURSを訪問してチェックを行い、その結果にRTPI側が満足すれば、CURSに対して暫定的な認証許可を出します。CURSではこの暫定認証で1年間コースを実施し、学生が論文まですべてを終えた段階で、正式に認証するかどうかの再チェックがなされます。つまり、認証に失敗すれば学生がその資格をとれないという状況の中でコースを実施するわけです。

RTPIからはガイドブックを通して、RTPIコースが満たすべき学習アウトカムが指定されます。例えば、「計画開発規制」を学習する場合には、単に理論や法律だけでなく、開発申請プロセスの理解やそれに必要となるスキルの習得が要求されます。CURSが最初にRTPIにコースのアウトラインを提出した際、RTPI側から「内容がアカデミックすぎる」との批判があったため、CURSでは実践的スキルの習得を多く盛り込んだ内容に修正したそうです。学生評価のための試験も、実戦的能力を評価する方法を多く採用したといいます。

一度コースが認証されると、大学とRTPIの間で「パートナーシップ委員会（Partnership Board）」が設立され、コースの成果を議論するミーティングが、年1回開催されます。この委員会には地域のステークホルダー（例えば、地元自治体のプラナー）や、他の大学からの代表も加わります。

RTPIのような専門職コースを開設する場合に常に問題になるのが、アカデミックな内容とのバランスです。実際、このRTPIの大学院コースの場合も、アカデミックな部分がかなり犠牲にされたといいます。ただ、CURSではこれまで住宅問題や地域再生、経済開発など、応用科学的な学習を多くやってきていたため、それほどの抵抗感はなかったそうです。ただ、専門職コースばかりになるとアカデミックな職員の不満が高まるので、アカデミックのコースを確保しつつ、こうした専門職コースを導入する必要があるという話でした。

● 学生による評価

大学教育の質保証にとって、学生による評価が重要な意味をもつように

なっています。つぎに述べるQAAの機関監査でも学生による評価が大きな比重を占めていますし、全国レベルで行われる学生評価の結果をもとに、大学のランク付けも行われているからです。

バーミンガム大学の場合、学生評価をモニタリングするために、各学部に「学習・教授委員会（Learning and Teaching Committee）」が設置されています。この委員会はコースあるいはモジュールを終えた学生から評価調査を行い、その結果を分析し、モニタリング報告書としてまとめています。この報告書を受けて、モジュールやプログラムを担当する職員が、課題に対応するためのアクション・ポイントを文書化し、行動に移すという対応です。

学生の意見を反映させる他の方法としては、まず学部レベルでのアカデミック委員会に、学生代表が委員として加わります。つぎに、「職員と学生との協議委員会（Consultative Committee）」の会合が、半年に1回開催されています。これは学部生と大学院生別々に、学生の代表とコースを教える教師との間の意見交換の場です。さらに、学年担当教員と学生との1対1の面談が「個人指導（Tutorial）」という形で年に2回行われており、この場でも学生からの意見が伝えられます。

大学にとっては、全国レベルで実施される学生評価の結果が重要な意味をもちます。この結果をもとに大学のランク付けが行われ、これが学生の応募に大きな影響を与えるからです。バーミンガム大学では2007年から、全国学生評価についての学内ターゲットが設定されています。調査結果は学部別に出ますので、特定の学部の評価が悪いと、質保証に責任をもつ副学長が中心になってチームを組み、学部の調査を行って対応策を考えます。

● QAAによる大学監査

最後に、QAAという国の機関による機関監査（Institutional Audit）があります。QAAは国の機関といっても半官半民的な団体で、イギリスに多い「非省庁公共機関（Non-Departmental Public Body：NDPS）」です。つまり、どの省庁にも所属しない、独立性の強い公的機関という意味です。QAAではいくつかの

方法を使って大学の質保証を行っていますが、その中心になるのが機関監査です（QAA,2006-b）。

　機関監査の目的は、大学の質保証システムが健全に機能しているかどうか、また教育の質が適切かどうかを判断することにあります。監査を行うのはＱＡＡが各大学から選定する４～５人の大学関係者ですが、通常は学長なども含むトップクラスの人材が選ばれています。監査人になる人には、３日間ほどの密な研修があります。

　機関監査は２回に分けて行われます。１回目は通常３日間で、学長や質保証担当者、学生代表などとの意見交換が行われます。１回目の作業の目的は、大学のミッションや方針、校風、責任体制などを理解することです。機関監査では個々の大学の個性が最大限尊重されており、１回目の作業はその個性の理解が中心になります。

　この１回目の結果をもとに、QAAで本監査のプログラムをデザインし、大学側に監査内容を伝えます。２回目の作業は５日間で、最初の４日間が監査、そして最終日に監査結果の論拠の確認が行われます。ここでの議論をもとに、最終的な提言内容が合意されます。

　監査結果の報告では、大学システムの優れた点（good practice）の指摘とともに、「改善が望ましい点（desirable）」「改善が期待される点（advisable）」「改善が不可欠な点（essential）」という３つのタイプで課題がまとめられます。最初の２つの課題グループについては公開の必要はありませんが、「改善が不可欠な点」があった場合にはその内容が公開され、大学はそれに速やかに対応する義務が生じます。

(5)　職能資格と大学資格の連携

　これまでにも指摘してきたように、現在では職能資格と高等教育資格の共通性がかなり高まっています。どちらも学習アウトカムの達成を条件とし、難易度のレベルも大枠で揃えられています。さらに１単位を10時間の学習量

とする点も共通しています。もちろん、すべての職能資格単位が大学学位の単位として互換できるわけではありません。個々の大学のコース設計や内容、履修要件は固有のものであり、個々の教育機関が決定するものです。そのため、どのような履修単位を互換対象にするかについても、その判断は個々の教育機関にゆだねられることになります。これは、履修単位を入学要件として判断する時も同じです（QAA, 2008-c）。

しかし、単位（クレジット）が個人の生涯学習を促進するための重要なツールであることは、2つのセクターの共通理解となっています。とくに、2010年から年間300万人が利用すると予想されるQCFシステムにとっては、個々の学習者がどれだけ履修単位を蓄積し、移転させることで、高等教育での学習機会を得ることができたかが、その成否を判断する重要な目安になります。2つの資格フレームワークの相互交流を促進することは、とくにQCF（職能教育）サイドにとって大きな意味をもつわけです（QCA,2008-f）。

こうした点を背景として、現在は「高等レベルでのジョイント・フォーラム（Joint Forum for Higher Levels：JFHL）」が設置され、両セクターの代表による議論と実験が進められています。このフォーラムにおいて、大学などの高等教育機関がQCFにユニットを提供したり、逆にQCFの資格データバンクにあるユニットを、高等教育機関が活用する可能性などが検討されているということです（QCA, joint forum）。

3　公共人材育成と資格開発─ケーススタディ

　本章では、公共人材育成のために資格が開発された事例として、「公共サービスコンパクト（Public Service Compact：PSC）」という取り組みを紹介します。PSCはイングランドの中部、バーミンガム市とSolihull市の公共団体が中心となって組織した仕組みです。

　最近では公共サービスのアウトソーシングが進み、公共サービスに民間企業や市民団体が広く参加するようになりました。それらの関連団体を総称して「公共サービスセクター」と呼ぶようになっています。この事例の新しさは、地域の公共サービス関連団体が紳士協定（コンパクト）を結び、将来必要となる公共人材像を一緒に描き、必要となる資格を共同で開発できた点にあります。

(1)　公共サービスセクターの課題

　PSCはイギリスの第二の都市、バーミンガム市（人口約100万人）とそれに隣接するSolihull市（人口約20万人）の2つの市域を対象にした取り組みです。イギリスのどこの地域もそうですが、公共サービスセクターは地域の主要な雇用主の立場にあります。この2つの市域の場合は、地域雇用の約4分の1を占めています。

　しかし、その労働力を見るとさまざまな課題を抱えています。まず、労働力の高齢化があります。10年後には管理職の約3割が定年退職を迎えますが、24歳以下の職員は8％のみで、若手人材が不足しています。また、管理職のキャリアを伸ばす研修機会が少なく、リーダーシップやマネージメント面での技術不足があります。さらに、職場としての公共団体のイメージが悪

く、有能な人材の採用が難しいという問題もありました。

　加えて最近では公共サービスの民営化が進み、ITや組織運営、プロジェクト管理などの技術を、他の産業セクターと共有するようになっています。したがって、そうした技術をもった人材は、セクターの枠を超えて就職でき、キャリアを伸ばすことが可能な時代です。それだけ有能な人材の獲得をめぐり、他の経済セクターとの競争が激しくなっているわけです。

　つまり、公共サービスセクターはつぎのような課題に直面していることになります：

　①職員の高齢化が進み、若手人材が不足していること
　②現代的な組織運営のための技術が不足していること（とくに中間管理職）
　③有能な人材の採用が難しいこと
　④採用した人材の保持が難しいこと
　⑤労働市場での人材獲得の競争が激しくなっていること

　(2)　PSCのねらいと仕組み

　PSCの目的は、セクターの関係団体が連携できる仕組みを作り、共同でセクターの人材の確保と育成を図ることにあります。2004年7月に12団体の参加で正式に発足し、現在はつぎのような34団体で構成されています：

　・NHS（医療）関連団体　　10
　・地方自治体　　　　　　　 3
　・政府機関　　　　　　　　 5
　・その他の公共機関　　　　 2　（警察、消防）
　・大学　　　　　　　　　　 2
　・継続教育カレッジ　　　　 7
　・サードセクター　　　　　 5

PSCの仕組みができたのは、バーミンガム市域の「地域戦略パートナーシップ（City Strategic Partnership）」がリーダーシップを発揮したからです。また、政府機関である「学習・技能カウンシル（LSC）」が事務局機能を果たしたことも、大きな推進力になりました。さらに、PSCが単なる話し合いの場にならないように「コンパクト憲章（10の原則）」を用意し、参加団体をPSCの目的にコミットさせる手続きも取られています。

(3) 地域公共人材の確保

　PSCの活動は大きく、①セクター人材の確保、②リーダー育成プログラムの開発、の2つに分けられます。まず人材確保面では、職員の新規採用の調整機能があります。市役所、警察、医療機関などのどこに欠員があり、どのような人材を必要としているかを明らかにし、そのための人材確保をPSCとして支援するわけです。その1つの方法になっているのが、地域課題に対応した人材育成です。

　例えば、ホームレスを支援するために、PSCがメンバー団体と協議をし、毎年出る職員の欠員の一部をホームレスのために確保するようにしています。そして、ホームレスを支援するチャリティ団体と協力し、メンバー団体が必要とするスキルを習得させるためのホームレスの研修が実施されています。

　PSCではまた、異なる団体間の職員交流を進めています。異なる団体についての理解を深め、新しい仕事の仕方をお互いに学習できるようにするためです。若い職員だけでなく、幹部クラスの交流も行われています、例えば、カレッジの学長が市役所で研修したり、PCT（医療機関）の財務部長が、LSCで仕事をするといった交流です。

　さらに、PSCとして力を入れてきたのが若者への売り込みです。最近の公共サービスセクターの仕事の内容は急速に変化しており、しかも成長しているセクターです。昔のぬるま湯に浸かったようなイメージではなく、社会を

変えることでキャリアを伸ばせる魅力あるセクターであることを、若者に積極的に伝えるわけです。

そのためにまず若者調査を実施し、彼らの価値観や考え方、職業観などが分析されています。そして、若者向けのセクター紹介DVDを作成し、学校やカレッジなどの教育機関に配布し、就職指導を行う職員へも働きかけを行っています。さらに、最近になって14歳～19歳を対象とした「専門職Diploma」が導入されましたので、PSCではその内容に影響を与えようとしています。この専門職Diplomaを選択した若者が、セクターが必要とする姿勢や技術を正しく学んでくれるようにするためです。

(4) 公共人材リーダーの育成と資格開発

2つ目の「リーダー育成プログラムの開発のねらい」は、中間管理職の能力開発を目的に、関係団体が共同で利用できる資格を開発し、そのデリバリーのための地域拠点を確保することにありました。中間管理職のスキルアップが不可欠になっていながら、大学などのコースでは不十分との認識があったからです。とくに最近では公費の投資効果が厳しくチェックされ、人材育成も必要だが、効果の低いコースに職員は出したくないという意識が強まっています。例えば、バーミンガム市役所で組織改革を担当するRichard Billinghamさんは、つぎのように語っています：

「かつては市役所の職員研修で地元大学のMBAを使っていたが、現在は止めている。市役所の職員研修にはあまり役立たないからだ。大学での学習は理論面に偏り、実践面が弱い。市役所の仕事の内容は大きく変化しており、MBAで学ぶ内容を超えた対応力が求められる時代になっている。市役所としての予算は限られており、投資効果を考えなければならない。大学の既存のコースだと60%の満足度しか得られないが、私たちが開発したPSC資格は、現場ニーズを100%反映した内容になって

いる」

●資格開発のためのパートナー団体
PSCの資格開発のパートナーとなったのはつぎのような団体です：

①公共セクター団体（市役所、警察、消防署、検察、保護観察機関）
②4つの地元カレッジ（資格モジュールの開発）
③Chartered Management Institute（資格認証の手続き）
④地元の大学（高等教育コースとしての承認）
⑤Learning and Skills Council（LSC）（資格開発費用を負担）

資格開発で中心的役割を果たしたのは、4つの継続教育カレッジです。1つのカレッジではなく4つとしたのは、セクター団体職員ができるだけ職場に近いところで学習できるようにするためです。また、できるだけ多くのカレッジ職員を参加させ、彼らの能力を高めるというねらいもありました。

資格設計に際しては、カレッジ側も雇用主側も、できるだけオープンに対応することを確認し合ったそうです。まず、雇用主側はカレッジが求めるデータは何でも提供する。職場での仕事の内容、職員のパフォーマンス、職場で使っている人材育成の方法論などのデータです。一方、カレッジ側でも講師の対応を変えました。自分はアカデミックであり、知識があり、それを教えているという意識を捨て、コースでの講師の役割は、受講生の知識と能力を引き出すことにあることを確認し合ったそうです。講師と受講生の役割を逆転させないと、彼らのニーズを満たす研修はできないと考えたからだと言います。

●資格開発のプロセス
コース設計のプロセスは、まずセクター団体の仕事の仕方、彼らの文化や言葉を、カレッジの講師に理解させることから始まっています。そのために、

講師と雇用主の話し合いの場が設定され、各団体の能力およびスキルのマッピングを行って、例えば市役所と警察のニーズがどのように類似しているのか、あるいは異なるのかを理解したそうです。

具体的なモジュールの内容も、講師と団体代表の協議で検討されています。そのために「コースデザインの日」がセットされ、多い時にはセクター側から18人くらいの人が参加したそうです。例えば、1人の講師が「コミュニケーション」のモジュールを担当したとすると、消防署からの1人と市役所からの3人でチームをつくり、1日かけてモジュールの内容を議論したといいます。そして、セクター職員が持っている知識を引き出し、彼らがイメージする理想的な状況を想定しながら、モジュールを組み立てたそうです。ここでも、セクター団体をコース設計の主役とする原則が尊重されています。

こうしたセクター団体とカレッジのパートナーシップは、現在でも継続されています。毎年セクター団体と講師が話し合う機会が用意され、セクター側から受講生についてのフィードバック、セクターが直面する新しい課題などが伝えられています。こうすることで、モジュールの内容や教え方を常に刷新でき、また講師のスキルアップも同時に図れるといいます。

●その他のパートナー団体の役割

パートナー団体の中では、政府機関であるLSCが重要な役割を果たしています。1章でも述べたように、LSCは成人の職業訓練関連事業を一手に担っていますから、LSCの意向は現場の実践に大きな影響を与えます。LSCは通常はトップダウンで事業を進めるのですが、PSCの場合は当初からファシリテーター役に徹し、地域のパートナー団体に働きかけ、彼らの共同作業を側面から支援しました。資格開発のための費用を負担しただけでなく、資格コースが実施されてから1年後には中立のコンサルタントに調査を委託し、成果を評価するための費用も出しています。

つぎに、モジュールの開発と資格認証で役割を果たしたのがCMIです。CMIが持っている資格のモジュールを提供し、PSCの目的に合わせて内容を

修正したり、あるいは新モジュールの開発についてのアドバイスを行っています。そして、地域で合意されたモジュール全体の資格としての適正をチェックし、QCAに認証申請し、全国資格としての認証を受けています。

地元の大学は、カレッジで提供するコースを高等教育資格として承認しました。こうすることで、カレッジのコースの受講生が、専門職資格と高等教育資格の両方が取れるようになっています。また、PSCコースを高等教育資格にすることで、政府からの助成も受けられるようになりました。イギリスでは大学授業料の半額が政府から助成されていますが、このコースを高等教育資格にすることで同じルールが適用され、それだけ授業料が安くなり、学生が集めやすくなっています。

●8つのモジュール

最終的に用意された「公共サービスリーダーシップ（Diploma in Public Service Leadership)」資格は、表12にあるような8つのモジュールで構成されています。表中には、個々のモジュール別の学習アウトカムも一緒に示しています。つまり、この表にあるような能力が、これからの公共サービスセクターの中間管理職に必要な資質ということになります。

この中で注目されるのが、最後の「共同プロジェクト」のモジュールの存在です。コースが始まるとすぐに、受講生は3〜4人のチームに分けられます。できるだけ異なる団体からの受講生でチームを作るそうです。そしてチームとして一緒にテーマを決め、1年間を通して一緒に学習し、共同で報告書をまとめます。その場合、プロジェクト・マネージメントの優良事例を活用し、報告書をまとめるとことが条件です。

プロセスとしては、まず受講生が所属する団体が直面する課題の中からプロジェクトテーマを選定し、上司の了解を得ます。つぎに、年間を通しての文献調査、アンケート調査、インタビュー調査などを行い、最終的に改善提言を含めた報告書をまとめます。昨年の例で言えば、「組織の社会的責任（CSR)」「若者のコミュニティ活動への参画」あるいは「組織改革マネージメ

表12　Diploma in Public Service Leadership のユニットタイトルと学習アウトカム

ユニットのタイトル	学習アウトカム（要約）
公共サービスリーダーシップ：事務処理業務からの大変革	1 多様なツールと資源を使って、自分のリーダーシップスキルおよびパフォーマンスが分析でき、開発プランが用意でき、そのプランを定期的にレビューし、効果を評価できる。 2 自分のコミュニケーション戦略を職員と一緒に分析し、部下のコミットメントと信頼を獲得する上でどれだけ効果的かを評価できる。 3 コンフリクトの原因となる状況および行動が説明でき、職場でのコンフリクトを予防あるいは最小化するための戦略が用意できる。
プロジェクトのプランニングとデリバリー	1 プロジェクトの役割、特色、段階についての定義ができる。 2 プロジェクトの目標と目的が設定でき、それらが組織としての目標達成にどのように貢献できるかを明確にできる。 3 合意された目標を達成するための効果的かつ実現可能なプランが用意できる。その中で、仕事の分割と連携、プロジェクト費用の確保、役割と責任分担、リスクや制約要因の確認、不測の事態への対応などができる。
デリバリーにおける改革プロセスのマネージメント	1 組織としての戦略的な位置づけ、直面するチャレンジなどが分析できる。 2 これらのチャレンジへの異なる対応策のインパクトを検討し、戦略的ニーズにもっとも適切な対策が提言できる。 3 提言された戦略を達成するために必要な改革プランを用意し、その実践をコントロールできる。
パフォーマンスの達成とリーダーシップ	1 パフォーマンス評価と組織のビジョン／ミッションが関連づけられる 2 責任領域についてのパフォーマンス評価基準が設定できる。とくに、個人およびチームとしてのパフォーマンスについて 3 パフォーマンス向上のための活動をモニタリングし、評価できる
顧客ニーズ実現のためのプランニング	1 公共サービスデリバリーの多様な構造が説明できる 2 組織としての価値観と目的、それらの自分の仕事への影響が説明できる 3 組織として対象とすべきステークホルダーを明確にでき、彼らのニーズが仕事にどう影響しているかが説明できる 4 顧客の期待感およびニーズを分析し、決定できる。 5 顧客ニーズ対策のためのプランを用意し、それが顧客および組織にもたらす付加価値を実証し、職員が目的を達成できるように誘導できる。 6 期待した成果がでるように、プランの内容を適宜修正できる。

デリバリーにおけるパフォーマンスのマネージメント	1 人々はどのように学習するか、用意されている多様な学習機会、人々の成長を支援する方法、さらにそれらがフェアなプロセスであることを担保する原則について説明できる。 2 チームの開発プランが用意できる。組織としての目的というコンテキストの中で、このプランに職員をいかに参画させ、スキル問題や個人のニーズにどう対応するかを示すこと。プランのレビューができること。 3 チームの開発プロセスで出てくる個人からのフィードバックをどう活用するかを、具体例を使って説明できる。 4 開発プロセス成果を検証し、さらなる改善のための改善点が提言できる。 5 ステークホールダーとの関係およびパートナーシップをどのように開発したかを説明できる。
公共サービスにおける資金効率性の達成	1 担当分野での予算計上プロセスを批判的に分析し、改善方法を提案できる。 2 予算申請／入札申請についてコメントができ、その準備プロセスが最適であったかどうかの検証ができる。 3 Best Valueについての摘要が用意でき、それが自分の仕事分野にどのように適用できるかが説明できる。 4 自分の説明責任へのアプローチを自己評価し、それをどのように改善できるかの方法を明確にできる。
共同による公共サービスプロジェクト	1 チームの中での問題点が検証できる。 2 情報を収集し、活用できる。 3 プロジェクト・プランニングを開発し、実践できる。 4 方法論とテクニックが選択でき、それらの有用性を評価できる。 5 合意した目的達成のために、他のメンバーと協力できる。 6 適切な指導のもとに、努力を継続することができる。

出所：Chartered Manageme

ントの職員への影響」などのテーマが選ばれています。そしてコースの最後に20分間のプレゼンテーションがあり、これには所属団体の幹部クラス、職員研修の担当者なども参加します。

●コースの運営

　PSCコースは20人の受講生をもって、2004年5月から始まりました。コースの学習期間は1年間で、現在は9月スタート（7月まで）と1月スタート

（12月まで）の2回に分けて実施されています。南部、東部、北部にある3つのカレッジで授業が行われており、年間に45人から50人の受講生があるそうです。1つのカレッジで15人ほどですが、このうちの2～3人がボランタリーセクターからの受講生です。コース授業料は一人当たり1500ポンド（約20万円）ですが、これは雇用主団体によって負担されています。

　授業は月に2回で、どちらも平日です。1年間では合計20日間の授業日数になります。毎月の講義の最後に8つの課題論文（各2500語）が出され、加えて共同プロジェクトについての報告書作成が必要です。課題論文のテーマは、受講生に適したものが選ばれています。例えば、「改革プロセスのマネージメント」が学んでいるモジュールだとすると、受講生に自分の組織の改革について考えさせる課題が出されます。

　なお、コースが始まるとすぐに、受講生に「サービス分析ワークブック（Service Analysis Workbook）」を作成させるそうです。これは個々の受講生の団体を「組織としての責任体制」「パワーの構造」「ステークホルダー」といった視点から分析させ、自分の組織についての理解を深めさせるためです。時間がかかるために受講生は嫌うようですが、コースを終えたときにはこの作業の効果をすべての受講生が認めるといいます。

● コースの活用と大学への進学

　地元の警察ではこの資格コースを履修することを、昇進のための一つのルートとして指定しています。警察では年間に10人の受講生を出すそうですが、これに対して20人から30人の職員からの応募があるそうです。一方、市役所はこのコースを違った目的で使っています。バーミンガム市は約100万人の人口ですが、そのうちの約3割が非白人系です。そこで、市役所では非白人系職員の採用、とりわけ中間管理職での彼らの割合を高めようとしています。そこで、少数派民族出身でありながら、レベルの高い資格を持たないために昇進できない職員に、この資格コースを受講するチャンスを優先的に与えています。

なお、すでに述べたようにこの資格は学士レベルに相当する資格で、終了すると60単位が履修できます。この履修単位をもって大学院課程に進む受講生も少なくないということです。

●全国各地への普及
　この資格コースが開発されてすでに4年が経過したわけですが、現在ではこの資格が全国各地で活用されるようになっています。まず、バーミンガム市の周辺地域で利用が始まり、さらにロンドンやマンチェスター、ウエールズやスコットランドにも広がっているといいます。
　地域で開発された資格が全国的に普及するのは、授与団体としてのCMIの存在があるからです。一度CMI資格として認証されると、それがどこで、誰によって開発されたかには関係なく、すべてがCMI所属の資格となります。CMIではこの資格の市場を求めてセールスを行いますし、この資格で学生が集まると判断すれば、大学やカレッジなどがこの資格コースを提供するようになるからです。

(5)　さいごに

　このケーススタディで注目される点として、4つほど指摘しておきます。まず、「公共サービスセクター」という産業セクターが形成されつつことです。これまでにも「公共セクター」という呼称はありましたが、自治体や医療機関、警察など個々バラバラで、単なる寄せ集めでしかありませんでした。他の産業セクターのような、資格構造やキャリア構造も発達していませんでした。しかし、市民社会セクターも加え、公共サービス関連団体が1つの産業セクターを形成できれば、セクターのイメージやポテンシャルも変わってきます。他の産業セクターと同様に、セクターとしてのアイデンティティ、インテリジェンス、キャリア構造などが徐々に形成されるからです。
　つぎに、地域のパートナー団体が共同で公共人材育成に取り組んだという

点です。緊縮財政の時代になり、市役所などの公共団体にとって、職員研修のための資金捻出が難しくなっています。その一方で、地域にはカレッジなどの教育プロバイダーがあり、LSCという国の機関が職業研修のための資金を提供しています。また、地域には多くの市民団体があって、コミュニティ問題の解決に奔走しています。PSCはこれらの地域団体をパートナーシップでつなぐことで、公共人材育成のための人材確保、資格プログラムの開発、資金の捻出などを可能にしています。

　3つ目に、こうしたパートナーシップが、教育機関の教育内容に影響を与えている点にも注目しておきたいと思います。これまでのように、供給側の都合で資格や研修を運用するのではなく、需要者側のニーズに合わせて教育プログラムを開発する。1章でみたLSCのTrain to Gainのプログラムでも、現場のニーズに合わせて研修プログラムを用意し、それに政府資金が投入されていました。パートナーシップによる公共政策の実践が進めば、こうした現場主体の職業訓練や資格開発がさらに進むものと思われます。

　最後に、PSCはイギリスの資格システムの特色を示す好例だという点です。セクター団体が必要な資格の内容を決め、地元カレッジがモジュールを開発し、CMIが職業資格としての認証手続きを担当し、地元大学が高等教育資格として承認する。こうして地域で開発された資格が全国資格として認証され、市場のメカニズムを通して全国各地で活用されるようになっています。

4 資格を通しての公共人材育成

　本ブックレットの目的は、イギリスを題材としながら、公共人材育成と資格の関係を考えることにありました。日本では人づくりや人材育成の大切さがよく言われますが、それと資格を関係づけて考えることはありません。特定の仕事に就くためにライセンスとしての資格をとることはあっても、資格を通して自分の能力を伸ばしたり、キャリアを積み上げていくような使い方はしないからです。

　しかし、LORC研究で検討されてきたように、これから日本でパートナーシップ型社会を目ざすとなれば、公共的な役割を担う人材が、行政の外側に多数必要になってきます。その人材を確保するために、民間企業からの転職機会を用意したり、失業者を再教育したり、さらには若者への売り込み戦略などが求められるようになる。そうなれば、新しいキャリア構造や、それを支援できる資格システムが必要になるのではないか。そうした問題意識をもって、パートナーシップと資格の活用が進んでいるイギリスのシステムについて検討してみたわけです。

(1) 揺りかごから墓場まで

　イギリスでは最近10年ほどの間に、資格システムの改革が積極的に進められてきました。その背景には、世界レベルでの競争に取り残されないために、国全体としてのスキルアップを図るという政府の大目標があるわけですが、同時に生涯学習の推進や、地域人材育成にも対応できる資格システムがねらいとされてきました。本書のテーマに即して資格システムの役割を考えてみると、図2のような関係性が描けるかと思います。

図2　資格システムが果たす社会的役割

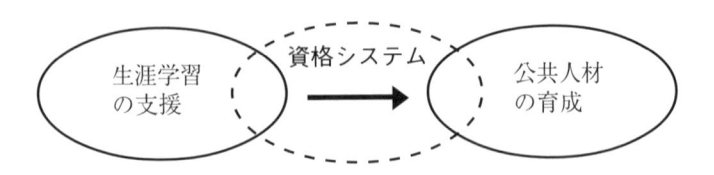

　QCFの説明文の中に「揺りかごから墓場まで」という表現がありました。いつからでも、どこからでも学習を開始、あるいは再開できる。ボランティアや家庭での生活体験なども資格要素として認証する。事前学習の経験をもとに大学での学習機会を提供する。あるいは、一度学習したことが再利用でき、二度繰り返さなくてもいい。まさに、市民の多様な学習ニーズや生活体験に対応できる資格システムがイメージされていると言えます。

　考えてみれば当然できるべきことのように思えますが、実際には簡単ではありません。イギリスでも資格システムが分かりにくい、使いにくいといった批判が一部にありました。そうした批判への回答がQCFへの改革であり、ユーザーのニーズを最優先する形でシステムの再設計が行われました。また、大学での専門職教育が増え、成績評価に単位制を採用しようとしているのも、生涯学習を応援しようとする社会全体の動きに同調するものです。

(2)　市民社会セクターによる公共人材の育成

　図2の中で「生涯学習の支援」から「公共人材の育成」に向けて矢印を置いたのは、イギリスでは個人の能力開発あるいはキャリアアップを支援することが、公共人材の育成につながるという社会構造ができているからです。ここでとくに重要になるのが、市民社会セクターの役割です。市民社会セクターは若者にとっての魅力的な職場になっていますが、同時に他の職業やキャリアからの転職者の受け皿にもなっています。

イギリス人は職場を変え、キャリアを変えながら、自分の人生の目的を達成していきます。その過程で多様な職場やセクターで実践経験を積み、市民団体に職を得て、公共人材としての役割を担うことができます。もちろん、民間企業で公共的役割を果たすこともできますが、公共的な仕事がしたければ市民団体を職場として選択し、そこで自分の能力を活かすのが通常のパターンです。

　つまり、市民社会セクターが公共人材の流通拠点となり、そこで公共人材を育成し、社会に供給する役割を果たしているわけです。そして、セクター団体の能力が向上し、高い専門性をもち、高い給与を出せるようになればなるほど、有能な公共人材を数多く育成することができます。

(3)　市民能力と経験の社会化

　市民社会セクターは「市民能力や経験の社会化」という役割も果たしています。イギリスの市民団体では多くのボランティアが仕事をしています。彼らは有給職員と同じ扱いを受けるのが普通です。職員と同じような責任ある行動が求められますし、仕事で必要になれば、職員と同じような研修が受けられます。

　一例として、ケンブリッジ市で約30年前に設立されたCAMTADという市民団体があります。後天的に難聴になった人たちに、補聴器の修理やカウンセリングなどのサービスを提供する団体です。なぜカウンセリングのような難しい仕事をボランティアにさせるのかと訊くと、「実際に苦難を体験した人の方が、専門家よりも優れたアドバイスができることが多いから」という返事でした。こうしたケースは、それこそ枚挙にいとまがないと思います。つまり、市民団体を通して市民の経験が社会化されているわけです。

　考えてみれば、社会の中にはさまざまな才能や貴重な経験を持った人がたくさんいます。そうした人たちに資格取得の機会を与え、社会の公共人材として育成することが考えられます。イギリスでもかつてはボランティア研修

は資格とは無縁だったようですが、最近ではできるだけ資格取得のチャンスを与えているといいます。市民能力を社会化する考え方が受け入れられ、それを支援できる資格システムが用意できれば、公共人材育成の可能性は無限に広がっていきます。

(4) 仕事からの資格開発

　イギリスでは仕事に合わせて資格を開発するのが原則になっています。例えば最近では、ボランティアのマネージメントが重要なテーマになってきました。そうなると、「ボランティア・マネージメント」という仕事が必要になり、その人材育成のための資格が必要になります。その場合にどうするかというと、まず全国各地で先行しているボランティア・マネージメントの事例を集め、そこでの仕事の内容を詳細に検証し、その結果をもとに「全国職能基準」を用意し、その基準に沿って新しい資格が開発されます。
　仕事から資格を開発するというアプローチは、イギリスの資格システムが現場主義を取っていることを示すものです。例えば、Ofqualという監督機関が資格の認証をする時に、1つの条件とするのが産業界がその有用性を認めるかどうかです。どれだけ内容が素晴らしくても、現場の業界が評価しない資格は認証されません。また、こうした現場主義があればこそ、3章で事例として紹介したような地域資格の開発が可能になっているとも言えます。現場で必要となる仕事の内容を考え、その仕事をこなすべき人材像を描き、それに合わせて資格を開発するわけです。

(5) 資格フレームワークの大切さ

　このようにみてくると、資格そのものよりも、資格を動かすシステムとしての「フレームワーク」がいかに重要かが理解されます。資格フレームワークの役割は、個人の学習成果を評価し、測定し、表現し、あるいは比較する

ことにあります。そして、学習アウトカムの達成方法には差がないという原則のもとに、あらゆるタイプの学習体験が認証でき、その蓄積や移転を可能にすることが必要です。さらに、仕事からの資格開発、地域現場からの資格構築を支援でき、しかも地域で開発された資格が、全国資格として通用するようにすることも大切です。

これまでは10の資格があると、それは10本の道であり、パスポートでした。それらの資格の間の相互関係はありませんでした。そのため、1つの資格から他の資格に移るには、最初からもう一度勉強し直さなければなりませんでした。しかし、QCFのような資格フレームワークがあれば、異なる資格の相互関係を明確にでき、1つの資格から他の資格への移動が可能になります。

こうした柔軟な資格システムを機能させる鍵が「クレジット」の考え方でした。本文中では「単位数」と訳していますが、その働きとしては「通貨」に近いものです。小さな学習ユニットの履修で得たクレジットを貯蓄し、蓄積し、必要に応じて引き出して活用できる。クレジットを多様に組み合わせることで異なる資格が取得でき、また他の銀行(授与団体)の通貨と交換することもできる。こうした共通通貨を開発することで、資格間の垣根が徐々に低くなっています。また、大学資格も同じ特性を備えたクレジットで運用することで、職能資格と大学資格の互換性をより一層向上させることができます。

(6) 資格市場の形成

イギリスの資格制度は、ダイナミックなシステムとして運用されるようになっています。このダイナミズムを生み出す最大の要因は、資格授与団体としての専門職団体や大学が、自由に資格を開発し、教育できるという原則が揺るがないからです。加えて、最近では生涯学習の促進や国民のスキルアップなどが公共政策のテーマとなり、資格分野への公共投資が強化されてきました。こうして資格開発の自主性と公共性が一体化する形で、ダイナミックな資格システムが形成されつつあるわけです。

こうした時代を象徴するのが「資格市場」という考え方です。職能資格の監督機関であるOfqualの文書にも、資格市場という表現が度々登場するようになりました。資格市場が機能するためには、資格が積極的に活用され、また開発された人材を活かす場が必要になります。すでにみたように、イギリスでは公共的機能がすべてのセクターによって担われる時代となり、またパートナーシップ団体や社会的企業なども増えて、公共人材が活躍できる場は徐々に広がりつつあります。したがって、資格システムが個人にとって、また雇用主にとって魅力的なものになれば、資格市場が機能する可能性は高まります。そして資格市場がうまく機能すれば、需要と供給の関係で優れた資格が開発され、社会が必要とする技術や人材が自動的に創出されることになるわけです。

　監督団体としてのOfqualが、資格授与団体の自主性を尊重しながら監督機能を果たそうとしているのはそのためです。資格フレームワークの技術的な面はできるだけシンプルにし、分かりやすく、使いやすくする。監督行為に伴う官僚的な規制やコントロールはできるだけ排除する。制約要因を排除すればするほどフレームワークの稼動力が高まり、社会のニーズへの対応力が向上するからです。

さいごに

　イギリス政府が推進する生涯学習社会は、個人の自己実現を支援するとともに、市民のもつポテンシャルを開発し、社会全体の能力アップを図るという意味もあります。個人やコミュニティの力をつけ、さらにサードセクターの能力を強化することが、パートナーシップ型社会の成功に不可欠と考えられているからです。

　そうした社会の大きな動きが、資格システムの改革を後押ししています。今回のブックレットで紹介したイギリスの資格システムは、職能資格そして高等教育資格ともに、まだ発展途上にあります。目ざしているのは、真に利用者本位と言える資格システムだと思います。つまり、上から与えられる資格ではなく、個人や産業界、あるいは地域が自らを発展させるために活用できる資格システムです。このシステム転換の鍵となったのが「クレジット」の導入であり、もう一つが「学習アウトカム」の考え方でした。

　日本でもそうですが、資格システムは「インプット」を基準に運用されるのが通常です。つまり、どのような機関で学習をしたのか（例えば、中学、高校、大学）、何年くらい勉強したのか、といったことが学習成果の判断基準になっていました。しかし、イギリスだけでなくヨーロッパでも、学習評価の基準は「インプット」から「アウトカム」に確実に移行しつつあります。どこで、何年学習したかといったことには関係なく、本人が習得している学習アウトカムで判断しようとするわけです。そして、その学習アウトカムの習得方法には差をつけないのが原則です。学校での勉強でもいいし、職場やボランティア活動、あるいは家庭での育児などの生活体験でもいい。必要になるのは、そうした多様な学習経験を社会的に評価し、測定し、認証し、資格として表現することです。

小さな学習単位での履修、クレジットの蓄積と移転、インフォーマルな学習の資格認証、産業界主導の資格開発、さらには職能資格と大学資格の互換性など、野心的な期待と課題が並びます。これらの資格要素がどれだけ有効に機能し、国民の能力開発やキャリアアップ、公共人材の育成に貢献できるのか、今後の動向が注目されるところです。

　なお、本書は平成20年度文部科学省「戦略的大学連携支援事業」で採択された「地域公共人材のための京都府内における教育・研修プログラムと地域資格認定制度の開発」の助成を受けて調査し、出版したものです。本ブックレットの作成過程でお世話になった龍谷大学および京都地域の関係者の方々、さらにイギリス調査で快く受け入れていただいた関係団体の方々に、心からの謝意を表したいと思います。

主要関連文献と関係団体ホームページ

●職能資格関連文献

- QCA (2003), Regulatory authorities' accreditation handbook
  www.ofqual.gov.uk/files/3558_accreditation_handbook_version2.pdf
- QCA (2004), The statutory regulation of external qualifications in England, Wales and Northern Ireland.
  www.ofqual.gov.uk/files/6944_regulatory_criteria_04 (1) .pdf
- QCA (2005), Delivering accredited qualifications: the roles and responsibilities of centres
  www.ofqual.gov.uk/files/14311_deliver_accredited_quals_qca_05_1610.pdf
- QCA (2006), Monitoring of Vocational Qualifications Annual Report 2005
  www.ofqual.gov.uk/files/QCA-06-2924_monitoring_vocational_quals_nov06.pdf
- QCA (2008-a), Claiming credits : guidance on the recognition of prior learning within the Qualifications and Credit Framework
  www.qca.org.uk/libraryAssets/media/Claiming_credit_7th_proof_web_ready.pdf
- QCA (2008-b), Guidelines for writing credit-based units of assessment for the Qualifications and Credit Framework - Version 3
  www.qca.org.uk/libraryAssets/media/Guidance_for_submitting_ROC_3rd_proof_web_ready.pdf
- QCA (2008-c), Guidance for using unit level descriptors within the Qualifications and Credit Framework (Version 3)
  www.qca.org.uk/libraryAssets/media/Guidance_for_using_level_descriptors_3rd_proof_web_ready.pdf
- QCA (2008-c), Level descriptors for the QCF (version 3)
  www.qca.org.uk/libraryAssets/media/QCF_level_descriptors.pdf
- QCA (2008-d), Guidance for submitting rules of combination into the web-based accreditation system for the Qualifications and Credit Framework - Version 3
  www.qca.org.uk/libraryAssets/media/Guidance_for_submitting_ROC_3rd_proof_web_ready.pdf
- Ofqual (2008), Regulatory arrangements for the Qualifications and Credit Framework
  www.ofqual.gov.uk/files/Regulatory_arrangements_QCF_August08.pdf
- QCA (2008-e), Annual Qualifications Market Report (2008).

www.ofqual.gov.uk/files/Annual_qualifications_market_report_28-03-08.pdf
- HM Treasury（2006）, Prosperity for all in the global economy ? world class skills（Leitch Review of Skills）, December 2006
www.hm-treasury.gov.uk/d/leitch_finalreport051206.pdf
- Department for Innovation, Universities and Skills（2007）, World Class Skills: Implementing the Leitch Review of Skills in England
www.dius.gov.uk/publications/worldclassskills.pdf
- Learning and Skills Council（2008-a）, Train to Gain and the Third Sector - Opportunities for the third sector to access support for training and developing paid staff and volunteers
http://readingroom.lsc.gov.uk/lsc/national/nat-traintogainandthethirdsector-jun08.pdf
- Learning and Skills Council（2008-b）, Aligning Public Funding to Key Qualifications identified by Sector Skills Councils / Sector Bodies / Standard Setting Bodies
http://readingroom.lsc.gov.uk/lsc/National/
Aligning_Public_Funding_to_SSC_Priorities_in_0910.pdf
- Chartered Management Institute（2007）, Diploma in Public Service Leadership（valid from May 2007）
www.managers.org.uk/client_files/user_files/Rattigan_8/NEW_WEB/6DPSL.pdf

●大学資格関連文献

- CQFW, NICATS, NUCCAT and SEEC（2001）, Credit and HE Qualifications - Credit Guidelines for HE Qualifications in England, Wales and Northern Ireland
www.seec-office.org.uk/prop_guidelines.pdf
- Department of Education and Skills（2003）, The Future of Higher Education（White Paper）, Cm5735
www.dcsf.gov.uk/hegateway/uploads/White%20Pape.pdf
- QAA（2004）, Code of practice for the assurance of academic quality and standards in higher education - Section 4: External examining
www.qaa.ac.uk/academicinfrastructure/codeOfPractice/section4/COP_external.pdf
- QAA（2006-a）, Code of practice for the assurance of academic quality and standards in higher education - Section 7: Programme design, approval, monitoring and review
www.qaa.ac.uk/academicinfrastructure/codeOfPractice/section7/programmedesign.pdf
- QAA（2006-b）, Handbook for institutional audit : England and Northern Ireland
www.qaa.ac.uk/reviews/institutionalAudit/handbook2006/Handbook2006.pdf
- QAA（2008-a）, The framework for higher education qualifications in England, Wales and Northern Ireland（FHEQ）

www.qaa.ac.uk/academicinfrastructure/FHEQ/EWNI08/FHEQ08.pdf
・QAA（2008-b）, Higher education credit framework for England: guidance on academic credit arrangements in higher education in England, August 2008
www.qaa.ac.uk/england/credit/creditframework.pdf
・QAA（2008-c）, The frameworks for higher education qualifications and credit: how they relate to academic standards
www.qaa.ac.uk/academicinfrastructure/FHEQ/FHEQCreditStatement.pdf
・QCA（2008-f）, The Qualifications and Credit Framework and higher education
www.qca.org.uk/libraryAssets/media/QCF_and_higher_education_factsheet_web_ready.pdf
・QCA（no date）, Joint Forum for Higher Levels briefing paper - Overarching principles and operational criteria for a 'common approach to credit'
www.qca.org.uk/libraryAssets/media/020207joint_forum_for__higher_levels_brief.pdf

●関係団体のホームページ

・Qualifications and Curriculum Authority（QCA）：www.qca.org.uk
・Ofqual：www.ofqual.gov.uk
・Learning and Skills Council（LSC）：www.lsc.gov.uk
・Quality Assurance Agency（QAA）：www.qaa.ac.uk
・National Student Survey（NSS）：www.thestudentsurvey.com
・Public Service Compact（PSC）：www.publicservicecompact.org
・National Database of Accredited Qualifications（NDAQ）：
www.ndaq.org.uk
・Department for Innovation, Universities and Skills（DIUS）：
www.dius.gov.uk
・Department for Children, Schools and Families（DCSF）：
www.dcsf.gov.uk
・Institute of Local Government Studies（INLOGOV）：
www.inlogov.bham.ac.uk
・バーミンガム大学の質保証関連：
www.as.bham.ac.uk/work/teach/quality/biqaes
・Chartered Management Institute（CMI）：www.managers.org.uk

「地域ガバナンスシステム・シリーズ」発行にあたって

日本は明治維新以来百余年にわたり、西欧文明の導入による近代化を目指して国家形成を進めてきました。しかし今日、近代化の強力な推進装置であった中央集権体制と官僚機構はその歴史的使命を終え、日本は新たな歴史の段階に入りつつあります。

時あたかも、国と地方自治体との間の補完性を明確にし、地域社会の自己決定と自律を基礎とする地方分権一括法が世紀の変わり目の二〇〇〇年に施行されて、中央集権と官主導に代わって分権と官民協働が日本社会の基本構造になるべきことが明示されました。日本は今、新たな国家像に基づく社会の根本的な構造改革を進める時代に入ったのです。

しかしながら、百年余にわたって強力なシステムとして存在してきたガバメント（政府）に依存した社会運営を、主権者である市民と政府と企業との協働を基礎とするガバナンス（協治）による社会運営に転換させることは容易に達成できることではありません。特に国の一元的支配と行政主導の地域づくりによって二重に官依存を深めてきた地域社会においては、各部門の閉鎖性を解きほぐし協働型の地域社会システムを主体的に創造し支える地域公共人材の育成や地域社会に根ざした政策形成のための「新たなシステムの構築が決定的に遅れていることに私たちは深い危惧を抱いています。

本ブックレット・シリーズは、ガバナンス（協治）を基本とする参加・分権型地域社会の創出に寄与し得る制度を理念ならびに実践の両面から探求し確立するために、地域社会に関心を持つ幅広い読者に向けて、様々な関連情報を発信する場を提供することを目的として刊行するものです。

二〇〇五年三月

龍谷大学　地域人材・公共政策開発システム
オープン・リサーチ・センターセンター長　富野　暉一郎

●著者略歴

小山　善彦（おやま・よしひこ）

　英国バーミンガム大学都市地域研究所客員講師
　同研究所修士課程修了

［主な論文］
　『英国における地域公共政策の変容とパートナーシップ
政策（LORC叢書第1巻)』（日本評論社、2008年）
　『英国高等教育機関における評価・認証システム
（LORC叢書第3巻)』（日本評論社、2008年）
　『英国における専門職能教育プログラムと資格取得シス
テム（LORC叢書第3巻)』（日本評論社、2008年）

地域ガバナンスシステム・シリーズ　No．12
イギリスの資格履修制度
―資格を通しての公共人材育成―

2009年7月10日　初版発行　　　定価（本体1,000円+税）

　　著　者　　小山　善彦
　　発行人　　武内　英晴
　　発行所　　公人の友社
　　　　　　　〒112-0002　東京都文京区小石川5－26－8
　　　　　　　ＴＥＬ 03-3811-5701
　　　　　　　ＦＡＸ 03-3811-5795
　　　　　　　Ｅメール　koujin@alpha.ocn.ne.jp
　　　　　　　http://www.e-asu.com/koujin/

大正地方財政史・上下巻

高寄昇三（甲南大学名誉教授）　　A5判・上282頁、下222頁　各定価5,250円
　　　　（上）ISBN978-4-87555-530-8 C3030　（下）ISBN978-4-87555-530-8 C3030

大正期の地方財政は、大正デモクラシーのうねりに呼応して、中央統制の厚い壁を打ち崩す。義務教育費国庫負担制の創設、地方税制限法の大幅緩和、政府資金の地方還元など、地方財源・資金の獲得に成功する。しかし、地租委譲の挫折、土地増価税の失敗、大蔵省預金部改革の空転など、多くが未完の改革として、残された。政党政治のもとで、大正期の地方自治体は、どう地域開発、都市計画、社会事業に対応していったか、また、関東大震災復興は、地方財政からみてどう評価すべきかを論及する。

（上巻）1 大正デモクラシーと地方財政　2 地方税改革と税源委譲　3 教育国庫負担金と町村財政救済　4 地方債資金と地方還元
（下巻）1 地方財政運営と改革課題　2 府県町村財政と地域再生　3 都市財政運用と政策課題

私たちの世界遺産1　持続可能な美しい地域づくり
世界遺産フォーラムin高野山

　　　　五十嵐敬喜・アレックス・カー・西村幸夫　編著
　　　　A5判・306頁　定価2,940円　　ISBN978-4-87555-512--4 C0036

世界遺産は、世界中の多くの人が「価値」があると認めたという一点で、それぞれの町づくりの大きな目標になるのである。それでは世界遺産は実際どうなっているのか。これを今までのように「文化庁」や「担当者」の側からではなく、国民の側から点検したい。
　本書は、こういう意図から2007年1月に世界遺産の町「高野山」で開かれた市民シンポジウムの記録である。　　（「はじめに」より）

何故、今「世界遺産」なのか　五十嵐敬喜
美しい日本の残像　world heritageとしての高野山　アレックス・カー
世界遺産検証　世界遺産の意味と今後の発展方向　西村幸夫

私たちの世界遺産2　地域価値の普遍性とは
世界遺産フォーラムin福山

　　　　五十嵐敬喜・西村幸夫　編著
　　　　A5判・250頁　定価2,625円　　ISBN978-4-87555-533-9 C3030

　本書は、大きく3部で構成されている。まず第1部では、NPMといわれる第一世代の行革から、多様な主体のネットワークによるガバナンスまで、行政改革の国際的な潮流について概観している。第2部では、行政分野のマネジメントについて考察している。………本書では、行政と企業の違いを踏まえた上で、民間企業で発展した戦略経営やマーケティングをどう行政経営に応用したらよいのかを述べている。第3部では、最近盛んになった公共領域についてのガバナンス論についてくわしく解説した上で、ガバナンスを重視する立場からは地域社会や市民とどう関わっていったらよいのかなどについて述べている。　　　　　　（「訳者まえがき」より）

「自治体憲法」創出の地平と課題
――上越市における自治基本条例の制定事例を中心に――

石平春彦（新潟県・上越市議会議員）　Ａ５判・208頁　定価 2,100 円
ISBN978-4-87555-542-1 C3030

「上越市基本条例」の制定過程で、何が問題になりそれをどのように解決してきたのか。ひとつひとつの課題を丁寧に整理し記録。
現在「自治基本条例」制定に取り組んでいる方々はもちろん、これから取り組もうとしている方々のための必読・必携の書。

　　はじめに
　Ⅰ　全国の自治基本条例制定の動向
　Ⅱ　上越市における自治基本条例の制定過程
　Ⅲ　上越市における前史＝先行制度導入の取組
　Ⅳ　上越市自治基本条例の理念と特徴
　Ⅴ　市民自治のさらなる深化と拡充に向けて

自治体政府の福祉政策

加藤　良重著　Ａ5判・238頁　定価 2,625 円　ISBN978-4-87555-541-4 C3030

本書では、政府としての自治体（自治体政府）の位置・役割を確認し、福祉をめぐる環境の変化を整理し、政策・計画と法務・財務の意義をあきらかにして、自治体とくに基礎自治体の福祉政策・制度とこれに関連する国の政策・制度についてできるかぎり解りやすくのべ、問題点・課題の指摘と改革の提起もおこなった。

　第1章　自治体政府と福祉環境の変化　第2章　自治体計画と福祉政策
　第3章　高齢者福祉政策　第4章　子ども家庭福祉政策
　第5章　障害者福祉政策　第6章　生活困窮者福祉政策
　第7章　保健医療政策　第8章　福祉の担い手
　第9章　福祉教育と福祉文化　＜資料編＞

鴎外は何故袴をはいて死んだのか

志田　信男著　四六判・250頁　定価 2,625 円　ISBN978-4-87555-540-7 C0020

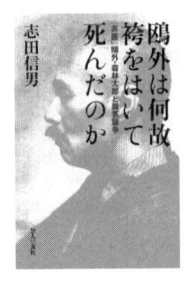

「医」は「医学」に優先し、「患者を救わん」（養生訓）ことを第一義とするテクネー（技術）なのである！

陸軍軍医中枢部の権力的エリート軍医「鴎外」は「脚気病原菌説」に固執して、日清・日露戦役で３万数千人の脚気による戦病死者を出してしまう！
そして手の込んだ謎の遺書を残し、袴をはいたまま死んだ。何故か！？
その遺書と行為に込められたメッセージを今解明する。

自律自治体の形成 すべては財政危機との闘いからはじまった

西寺雅也（前・岐阜県多治見市長）　　四六判・282頁　　定価2,730円
ISBN978-4-87555-530-8 C3030

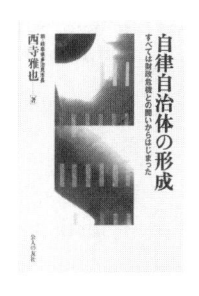

多治見市が作り上げたシステムは、おそらく完結性という点からいえば他に類のないシステムである、と自負している。そのシステムの全貌をこの本から読み取っていただければ、幸いである。
（「あとがき」より）

- Ⅰ　すべては財政危機との闘いからはじまった
- Ⅱ　市政改革の土台としての情報公開・市民参加・政策開発
- Ⅲ　総合計画（政策）主導による行政経営
- Ⅳ　行政改革から「行政の改革」へ
- Ⅴ　人事制度改革
- Ⅵ　市政基本条例
- 終章　自立・自律した地方政府をめざして
- 資料・多治見市市政基本条例

フィンランドを世界一に導いた100の社会政策
フィンランドのソーシャル・イノベーション

品切　　イルッカ・タイパレ-編著　　山田眞知子-訳者
A5判・306頁　　定価2,940円　　ISBN978-4-87555-531-5 C3030

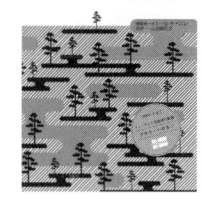

フィンランドの強い競争力と高い生活水準は、個人の努力と自己開発を動機づけ、同時に公的な支援も提供する、北欧型福祉社会に基づいています。民主主義、人権に対する敬意、憲法国家の原則と優れた政治が社会の堅固な基盤です。
‥‥この本の100余りの論文は、多様でかつ興味深いソーシャルイノベーションを紹介しています。‥フィンランド社会とそのあり方を照らし出しているので、私は、読者の方がこの本から、どこにおいても応用できるようなアイディアを見つけられると信じます。
（刊行によせて-フィンランド共和国大統領　タルヤ・ハロネン）

公共経営入門 ─公共領域のマネジメントとガバナンス

トニー・ボベール／エルク・ラフラー-編著　　みえガバナンス研究会-翻訳
A5判・250頁　　定価2,625円　　ISBN978-4-87555-533-9 C3030

本書は、大きく3部で構成されている。まず第1部では、NPMといわれる第一世代の行革から、多様な主体のネットワークによるガバナンスまで、行政改革の国際的な潮流について概観している。第2部では、行政分野のマネジメントについて考察している。………本書では、行政と企業との違いを踏まえた上で、民間企業で発展した戦略経営やマーケティングをどう行政経営に応用したらよいのかを述べている。第3部では、最近盛んになった公共領域についてのガバナンス論についてくわしく解説した上で、ガバナンスを重視する立場からは地域社会や市民とどう関わっていったらよいのかなどについて述べている。
（「訳者まえがき」より）

自治体再構築

松下圭一（法政大学名誉教授）　定価 2,800 円

- ●官治・集権から自治・分権への転型期にたつ日本は、政治・経済・文化そして軍事の分権化・国際化という今日の普遍課題を解決しないかぎり、閉鎖性をもった中進国状況のまま、財政破綻、さらに「高齢化」「人口減」とあいまって、自治・分権を成熟させる開放型の先進国状況に飛躍できず、衰退していくであろう。
- ●この転型期における「自治体改革」としての〈自治体再構築〉をめぐる 2000 年～ 2004 年までの講演ブックレットの 総集版。

1　自治体再構築の市民戦略
2　市民文化と自治体の文化戦略
3　シビル・ミニマム再考
4　分権段階の自治体計画づくり
5　転型期自治体の発想と手法

社会教育の終焉［新版］

松下圭一（法政大学名誉教授）　定価 2,625 円

- ●86年の出版時に社会教育関係者に厳しい衝撃を与えた幻の名著の復刻・新版。
- ●日本の市民には、〈市民自治〉を起点に分権化・国際化をめぐり、政治・行政、経済・財政ついで文化・理論を官治・集権型から自治・分権型への再構築をなしえるか、が今日あらためて問われている。

序章　日本型教育発想
Ⅰ　公民館をどう考えるか
Ⅱ　社会教育行政の位置
Ⅲ　社会教育行政の問題性
Ⅳ　自由な市民文化活動
終章　市民文化の形成　　あとがき　　新版付記

増補 自治・議会基本条例論　自治体運営の先端を拓く

神原　勝（北海学園大学教授・北海道大学名誉教授）　定価 2,625 円

生ける基本条例で「自律自治体」を創る。その理論と方法を詳細に説き明かす。7 年の試行を経て、いま自治体基本条例は第 2 ステージに進化。めざす理想型、総合自治基本条例＝基本条例＋関連条例

プロローグ
Ⅰ　自治の経験と基本条例の展望
Ⅱ　自治基本条例の理論と方法
Ⅲ　議会基本条例の意義と展望
エピローグ
条例集
1　ニセコ町まちづくり基本条例
2　多治見市市政基本条例
3　栗山町議会基本条例

No.38 まちづくりの新たな潮流
山梨学院大学行政研究センター
1,200円

No.39 ディスカッション・三重の改革
中村征之・大森彌 1,200円

No.40 政務調査費
宮沢昭夫 1,200円

No.41 市民自治の制度開発の課題
山梨学院大学行政研究センター
1,100円

No.42 《改訂版》自治体破たん・「夕張ショック」の本質
橋本行史 1,200円

No.43 分権改革と政治改革 〜自分史として〜
西尾勝 1,200円

No.44 自治体人材育成の着眼点
浦野秀一・三関壽美子・野田邦弘・西村浩・井澤浩司・杉谷知也・坂口正治・田中富雄 1,200円

No.45 障害年金と人権
——代替的紛争解決制度と大学・専門集団の役割——
橋本宏子・森田明・湯浅和恵・池原毅和・青木久馬・澤静子・佐々木久美子 1,400円

No.46 地方財政健全化法で財政破綻は阻止できるか
——夕張・篠山市の財政運営責任を追及する
高寄昇三 1,200円

No.47 地方政府と政策法務
市民・自治体職員のための基本テキスト
加藤良重 1,200円

No.48 政策財務と地方政府
市民・自治体職員のための基本テキスト
加藤良重 1,400円

No.49 政令指定都市がめざすもの
高寄昇三 1,400円

朝日カルチャーセンター
地方自治講座ブックレット

No.1 自治体経営と政策評価
山本清 1,000円

No.2 ガバメント・ガバナンスと行政評価システム
星野芳昭 1,000円

No.4 政策法務は地方自治の柱づくり
辻山幸宣 1,000円

No.5 政策法務がゆく
北村喜宣 1,000円

政策・法務基礎シリーズ
——東京都市町村職員研修所編

No.1 これだけは知っておきたい
自治立法の基礎 600円

No.2 これだけは知っておきたい
政策法務の基礎 800円

シリーズ「生存科学」
（東京農工大学生存科学研究拠点　企画・編集）

No.2 再生可能エネルギーで地域がかがやく
——地産地消型エネルギー技術——
秋澤淳・長坂研・堀尾正靱・小林久
1,100円

No.4 地域の生存と社会的企業
——イギリスと日本との比較をとおして——
柏雅之・白石克孝・重藤さわ子
1,200円

No.5 地域の生存と農業知財
澁澤栄・福井隆・正林真之
1,000円

No.6 風の人・土の人
——地域の生存とNPO——
千賀裕太郎・白石克孝・柏雅之・福井隆・飯島博・曽根原久司・関原剛
1,400円

地方自治ジャーナル ブックレット

No.114 北海道の先進事例に学ぶ
宮谷内留雄・安斎保・見野全・佐藤克廣・神原勝 1,000円

No.115 地方分権改革のみちすじ
—自由度の拡大と所掌事務の拡大—
西尾勝 1,200円

No.3 使い捨ての熱帯林
熱帯雨林保護法律家リーグ 971円

No.4 自治体職員世直し志士論
村瀬誠 971円

No.8 市民的公共性と自治
今井照 1,166円 【品切れ】

No.9 ボランティアを始める前に
佐野章二 777円

No.10 自治体職員の能力
自治体職員能力研究会 971円

No.11 パブリックアートは幸せか
山岡義典 1,166円

No.12 市民がになう自治体公務
パートタイム公務員論研究会 1,359円

No.13 行政改革を考える
山梨学院大学行政研究センター 1,166円

No.14 上流文化圏からの挑戦
山梨学院大学行政研究センター 1,166円

No.15 市民自治と直接民主制
高寄昇三 951円

No.16 議会と議員立法
上田章・五十嵐敬喜 1,600円

No.17 分権段階の自治体と政策法務
松下圭一他 1,456円

No.18 地方分権と補助金改革
高寄昇三 1,200円

No.19 分権化時代の広域行政
山梨学院大学行政研究センター 1,200円

No.20 あなたのまちの学級編成と地方分権
田嶋義介 1,200円

No.21 自治体も倒産する
加藤良重 1,000円

No.22 ボランティア活動の進展と自治体の役割
山梨学院大学行政研究センター 1,200円

No.23 新版・2時間で学べる「介護保険」
加藤良重 800円

No.24 男女平等社会の実現と自治体の役割
山梨学院大学行政研究センター 1,200円

No.25 市民がつくる東京の環境・公害条例
市民案をつくる会 1,000円

No.26 東京都の「外形標準課税」はなぜ正当なのか
青木宗明・神田誠司 1,000円

No.27 少子高齢化社会における福祉のあり方
山梨学院大学行政研究センター 1,200円

No.28 財政再建団体
橋本行史 1,000円 【品切れ】

No.29 交付税の解体と再編成
高寄昇三 1,000円

No.30 町村議会の活性化
山梨学院大学行政研究センター 1,200円

No.31 地方分権と法定外税
外川伸一 800円

No.32 東京都銀行税判決と課税自主権
高寄昇三 1,000円

No.33 都市型社会と防衛論争
松下圭一 900円

No.34 中心市街地の活性化に向けて
山梨学院大学行政研究センター 1,200円

No.35 自治体企業会計導入の戦略
高寄昇三 1,100円

No.36 行政基本条例の理論と実際
神原勝・佐藤克廣・辻道雅宣 1,100円

No.37 市民文化と自治体文化戦略
松下圭一 800円

No.70 分権型社会の地方財政
神野直彦　1,000円

No.71 自然と共生した町づくり
宮崎県・綾町
森山喜代香　700円

No.72 情報共有と自治体改革
ニセコ町からの報告
片山健也　1,000円

No.73 地域民主主義の活性化と自治体改革
山口二郎　600円

No.74 分権は市民への権限委譲
上原公子　1,000円

No.75 今、なぜ合併か
瀬戸亀男　800円

No.76 市町村合併をめぐる状況分析
小西砂千夫　800円

No.78 ポスト公共事業社会と自治体政策
五十嵐敬喜　800円

No.80 自治体人事政策の改革
森啓　800円

No.82 地域通貨と地域自治
西部忠　900円

No.83 北海道経済の戦略と戦術
宮脇淳　800円

No.84 地域おこしを考える視点
矢作弘　700円

No.87 北海道行政基本条例論
神原勝　1,100円

No.90 「協働」の思想と体制
森啓　800円

No.91 協働のまちづくり
三鷹市の様々な取組みから
秋元政三　700円

No.92 シビル・ミニマム再考
ベンチマークとマニフェスト
松下圭一　900円

No.93 市町村合併の財政論
高木健二　800円

No.95 市町村行政改革の方向性
〜ガバナンスとNPMのあいだ
佐藤克廣　800円

No.96 創造都市と日本社会の再生
佐々木雅幸　800円

No.97 地方政治の活性化と地域政策
山口二郎　800円

No.98 多治見市の政策策定と政策実行
西寺雅也　800円

No.99 自治体の政策形成力
森啓　700円

No.100 自治体再構築の市民戦略
松下圭一　900円

No.101 維持可能な社会と自治
〜『公害』から『地球環境』へ
宮本憲一　900円

No.102 道州制の論点と北海道
佐藤克廣　1,000円

No.103 自治体基本条例の理論と方法
神原勝　1,100円

No.104 働き方で地域を変える
〜フィンランド福祉国家の取り組み
山田眞知子　800円

No.107 公共をめぐる攻防
〜市民的公共性を考える
樽見弘紀　600円

No.108 三位一体改革と自治体財政
岡本全勝・山本邦彦・北良治・逢坂誠二・川村喜芳　1,000円

No.109 連合自治の可能性を求めて
サマーセミナー in 奈井江
松岡市郎・堀則文・三本英司・佐克廣・砂川敏文・北良治 他

No.110 「市町村合併」の次は「道州制」か
高橋彦芳・北良治・脇紀美夫・碓井直樹・森啓　1,000円

No.111 コミュニティビジネスと建設帰農
松本懿・佐藤吉彦・橋場利夫・山北博明・飯野政一・神原勝　1,000円

No.112 「小さな政府」論とはなにか
牧野富夫　700円

No.113 栗山町発・議会基本条例
橋場利勝・神原勝　1,200円

地方自治土曜講座ブックレット

No.4 構造改革時代の手続的公正と第2次分権改革
手続的公正の心理学から
鈴木庸夫 1,000円

No.5 自治基本条例はなぜ必要か
辻山幸宣 1,000円 [品切れ]

No.6 自治のかたち法務のすがた
政策法務の構造と考え方
天野巡一 1,100円

No.7 自治体再構築における
行政組織と職員の将来像
今井照 1,100円

No.8 持続可能な地域社会のデザイン
植田和弘 1,000円

No.9 政策財務の考え方
加藤良重 1,000円

No.10 市場化テストをいかに導入するべきか
～市民と行政
竹下譲 1,000円

No.11 市場と向き合う自治体
小西砂千夫・稲沢克祐 1,000円

No.2 自治体の政策研究
森啓 600円

No.22 地方分権推進委員会勧告とこれからの地方自治
西尾勝 500円

No.34 政策立案過程への「戦略計画」
少子高齢社会と自治体の福祉法務
加藤良重 400円

No.42 改革の主体は現場にあり
山田孝夫 900円

No.43 自治と分権の政治学
鳴海正泰 1,100円

No.44 公共政策と住民参加
宮本憲一 1,100円

No.45 農業を基軸としたまちづくり
小林康雄 800円

No.46 これからの北海道農業とまちづくり
篠田久雄 800円

No.47 自治の中に自治を求めて
佐藤守 1,000円

No.48 介護保険は何を変えるのか
池田省三 1,100円

No.49 介護保険と広域連合
大西幸雄 1,000円

No.50 自治体職員の政策水準
宮脇淳 800円

No.51 分権型社会と条例づくり
森啓 1,100円

No.52 自治体における政策評価の課題
佐藤克廣 1,000円

No.53 小さな町の議員と自治体
室崎正之 900円

No.54 改正地方自治法とアカウンタビリティ
鈴木庸夫 1,200円

No.56 財政運営と公会計制度
宮脇淳 1,100円

No.59 環境自治体とISO
畠山武道 700円

No.60 転型期自治体の発想と手法
松下圭一 900円

No.61 分権の可能性
スコットランドと北海道
山口二郎 600円

No.62 機能重視型政策の分析過程と財務情報
宮脇淳 800円

No.63 自治体の広域連携
佐藤克廣 900円

No.64 分権時代における地域経営
見野全 700円

No.65 町村合併は住民自治の区域の変更である。
森啓 800円

No.66 自治体学のすすめ
田村明 900円

No.67 市民・行政・議会のパートナーシップを目指して
松山哲男 700円

No.69 新地方自治法と自治体の自立
井川博 900円

地域ガバナンスシステム・パートナーシップシリーズ
（龍谷大学地域人材・公共政策開発システム オープン・リサーチ・センター企画・編集）

No.1 地域人材を育てる自治体研修改革
土山希美枝 900円

No.2 公共政策教育と認証評価システム―日米の現状と課題―
坂本勝 編著 1,100円

No.3 暮らしに根ざした心地良いまち
野呂昭彦・逢坂誠二・関原剛・吉本哲郎・白石克孝・堀尾正靫 1,100円

No.4 持続可能な都市自治体づくりのためのガイドブック
「オルボー憲章」「オルボー誓約」の翻訳所収 1,100円

No.5 英国における地域戦略パートナーシップの挑戦
白石克彦・的場信敬監訳 900円

No.6 マーケットと地域をつなぐパートナーシップ
―協会という連帯のしくみ
白石克彦編・園田正彦著 1,000円

No.7 政府・地方自治体と市民社会の戦略的連携
―英国コンパクトにみる先駆性―
的場信敬編著 1,000円

No.8 財政縮小時代の人材戦略
多治見モデル
大矢野修編著 1,400円

No.9 市民と自治体の協働研修ハンドブック
土山希美枝 1,100円

No.10 行政学修士教育と人材育成
―米中の現状と課題―
坂本勝著 1,100円

No.11 アメリカ公共政策大学院の認証評価システムと評価基準
―NASPAAのアクレディテーションの検証を通して―
早田幸政 1,200円

No.12 イギリスの資格履修制度
―資格を通しての公共人材育成―
小山善彦 1,000円

福島大学ブックレット『21世紀の市民講座』

No.1 外国人労働者と地域社会の未来
桑原靖夫・香川孝三（著）
坂本恵（編著） 900円

No.2 景観形成とまちづくり
―「国立市」を事例として―
首都大学東京・都市政策コース 1,000円

No.3 都市の活性化とまちづくり
―「制度設計から現場まで」―
首都大学東京・都市政策コース 1,000円

首都大学ブックレット
（首都大学東京・都市教養学部 都市政策コース 企画）

No.1 自治体政策研究ノート
今井照 900円

No.2 住民による「まちづくり」の作法
今西一男 1,000円

No.3 格差・貧困社会における市民の権利擁護
金子勝 900円

No.4 自治体政策研究ノート
今井照 900円

No.5 法学の考え方・学び方
イェーリングにおける「秤」と「剣」
富田哲 900円

都市政策フォーラムブックレット
（首都大学東京・都市教養学部 都市政策コース 企画）

No.1 「新しい公共」と新たな支え合いの創造へ―多摩市の挑戦―
首都大学東京・都市政策コース 900円

北海道自治研ブックレット

No.1 市民・自治体・政治
再論・人間型としての市民
松下圭一 1,200円

No.2 議会基本条例の展開
その後の栗山町議会を検証する
橋場利勝・中尾修・神原勝 1,200円

TAJIMI CITYブックレット

No.2 転型期の自治体計画づくり
松下圭一 1,000円

No.3 これからの行政活動と財政
西尾勝 1,000円

「官治・集権」から
　　　「自治・分権」へ

市民・自治体職員・研究者のための
自治・分権テキスト

《出版図書目録》
2009.6

公人の友社

112-0002　東京都文京区小石川 5 − 26 − 8
TEL　03-3811-5701
FAX　03-3811-5795
メールアドレス　koujin@alpha.ocn.ne.jp

●ご注文はお近くの書店へ
　小社の本は店頭にない場合でも、注文すると取り寄せてくれます。
　書店さんに「公人の友社の『○○○○』をとりよせてください」とお申し込み下さい。5日おそくとも10日以内にお手元に届きます。
●直接ご注文の場合は
　電話・FAX・メールでお申し込み下さい。（送料は実費）
　　TEL　03-3811-5701　　FAX　03-3811-5795
　　メールアドレス　koujin@alpha.ocn.ne.jp
（価格は、本体表示、消費税別）